制度质量、包容性金融发展与社会公平

崔艳娟 著

国家社会科学基金一般项目（16BJL013）资助

科 学 出 版 社
北 京

内 容 简 介

本书以包容性金融发展为研究对象,在金融发展学、发展经济学、制度经济学、社会公平理论及典型实践案例的基础上,细分制度质量、包容性金融发展和社会公平的测量维度,探索包容性金融发展影响社会公平的作用机理,构建"制度质量—包容性金融发展—社会公平"的综合分析框架;进一步以我国省级面板数据分析包容性金融发展、制度质量与社会公平演化的时空特点,经验检验包容性金融发展对实现社会公平的作用、制度质量对包容性金融发展实现社会公平的影响。

本书主要适用于在金融发展、普惠金融等相关领域的从业人员,高校教师、研究生,以及所有对该领域相关问题感兴趣的人士阅读参考。

图书在版编目(CIP)数据

制度质量、包容性金融发展与社会公平 / 崔艳娟著. —北京:科学出版社,2021.7
ISBN 978-7-03-067916-1

Ⅰ. ①制… Ⅱ. ①崔… Ⅲ. ①金融事业-经济发展-研究-中国 Ⅳ. ①F832

中国版本图书馆 CIP 数据核字(2021)第 017427 号

责任编辑:杭 玫 / 责任校对:贾娜娜
责任印制:张 伟 / 封面设计:无极书装

科学出版社 出版
北京东黄城根北街 16 号
邮政编码:100717
http://www.sciencep.com

北京厚诚则铭印刷科技有限公司 印刷
科学出版社发行 各地新华书店经销

*

2021 年 7 月第 一 版 开本:720×1000 B5
2022 年 11 月第三次印刷 印张:8 3/4
字数:200 000

定价:80.00 元
(如有印装质量问题,我社负责调换)

前　言

"大道之行也，天下为公"。社会公平不仅是伦理问题，也是经济与发展问题。我国自古就有"不患寡而患不均，不患贫而患不安"的说法，贫与均是相对而言的，而不是绝对的。包容性金融发展是金融机构在可持续发展的前提下，以可承担的成本提高弱势群体对金融服务和产品的可获性，它体现公平的思想，同时也兼顾效率，对促进一国可持续增长、实现社会公平有着重要意义。2016年G20（二十国集团）峰会后，包容性金融发展更成为各国政策制定者和利益相关者关注的热点。

近年来，我国经济增长迅速，社会主义市场经济制度为高速的经济增长提供了保障与动力，同时，我国的金融发展经历了从单一到多元的发展历程，无论是规模还是效率都有了显著的提高，包容性金融发展作为重要的金融发展方式之一，在减贫增收、缩小贫富差距等实现社会公平的实践中，发挥着不可替代的作用。然而，尽管包容性金融发展扩展了传统金融服务的边界，大大地增强了金融服务的可获性，但仍存在不平衡、不协调、不持续的问题，特定群体的金融需求无法得到有效满足，成为实现社会公平、促进发展成果共享的困扰。完善的金融体系是推进包容性金融发展的基础，而制度质量则决定了促增长的金融体系的构建。我国幅员辽阔，地区发展轨迹、市场化进程有着明显的差异：重大改革举措都是在东部地区试点后，再决定是否向其他地区推进，这种推进改革必然使得各地区制度质量拉开差距。这是我国促进包容性金融发展和实现社会公平、促进成果共享所必须考虑的现实问题。

基于以上理论与实践的思考，本书以我国包容性金融发展实践为研究对象，在制度经济学、金融发展理论学和社会公平相关理论的基础上，对社会公平、包容性金融发展、制度质量的代理变量进行解析，参考已有的文献，结合我国发展实践，构建包容性金融发展指数、社会公平度指数、制度质量指数，对我国2006~2018年各省（区、市）的包容性金融发展水平、社会公平度和制度质量进行测度，并对其时空演变特征进行分析。在此基础上，构建制度质量、包容性金融发展与社会公平的作用机理，以我国省级面板数据，经验检验包容性金融发展对实现社会公平的作用、制度质量对包容性金融发展实现社会公平的影响。最后，本书根据相关理论与经验检验分析的结果，分别提出促进包容性金融发展、提高包容性金融发展实现社会公平效果的对策和制度安排建议。本书的具体内容和主要观点包括以下三个方面。

第一，我国包容性金融发展测度与时空演变分析。根据科学性、可比与可操作相结合、全面与重点相结合、力求精确、创新与发展的原则，从深度、广度、效度、稳定性4个维度共选取23个指标，涵盖银行、上市公司、保险公司、小额贷款机构和金融企业5类金融服务主体提供的金融服务，采用变异系数法构建包容性金融发展的评价体系，对我国2006~2018年各省（区、市）的包容性金融发展水平进行测度。以此数据为基础，用核密度估计、分位数分析、动态度分析、区域差异分析等方法对我国包容性金融发展时空演变特征进行分析。研究发现，我国包容性金融发展总体水平偏低，从发展趋势上看呈上升趋势，但2008年受到金融危机的冲击，发展水平略有下降。在空间特征上，包容性金融发展存在明显的地区差异，基本表现出东部地区发展水平高于其他三大地区的特点，但东部地区和北部地区的变化程度要大于西部地区和南部地区。这种差异可能与各地政策的实施、执行，以及基础设施完善程度等因素有关。

第二，包容性金融发展与社会公平的实现。从底线公平和分配公平两个维度选取8个指标构建社会公平度评价指标体系，并计算我国2006~2018年各省（区、市）的社会公平度指数。在此基础上，构建用于包容性金融发展实现社会公平效应分析的"金融—环境—努力"作用模型，以我国省级动态面板数据，经验检验包容性金融发展、环境变量（机会公平）、努力变量（努力公平）对社会公平实现的影响。结果表明，包容性金融发展有利于实现社会公平，但这一效果又会受到金融发展波动的影响。机会公平和努力公平均表现出对实现社会公平的重要影响，其中，适龄人口越多，社会公平度越高，性别比例的失衡可能不利于实现社会公平；受教育程度越高和就业水平越好，越有利于实现社会公平。此外，经济开放有利于实现社会公平，而产业结构变化对实现社会公平不利。

第三，制度质量对包容性金融发展实现社会公平的影响。根据制度的界定，本书从正式制度和非正式制度两个维度共选取9个二级指标构建制度质量测度体系，分别计算制度质量综合指数、正式制度质量指数和非正式制度质量指数。在此基础上，构建制度质量、包容性金融发展与社会公平的作用机理分析框架，用我国省级面板数据分析综合制度质量、正式制度质量和非正式制度质量对包容性金融发展实现社会公平的影响，同时检验制度质量对包容性金融发展实现社会公平的边际效应。结果表明，正式制度质量、非正式制度质量及二者合成的综合制度质量的提高，有利于实现社会公平，在实现社会公平的过程中，制度质量与包容性金融发展表现为替代关系，同时制度质量可以调节包容性金融发展实现社会公平的效应，经制度调节后包容性金融发展实现社会公平的效应增加，这也说明制度对包容性金融发展的决定性作用。包容性金融发展相关制度的实施，具有促进实现社会公平的效果，从社会公平度的分指标看，其在促进贫困减缓和提高收入方面的效果更好。

由此，本书建议在促进包容性金融发展时，要重视政府与市场的关系，明确政府的服务职能；健全公共财政体系，提高支持包容性金融发展的税收优惠与补贴力度，推进完善政策性担保和保险体系建设，建立健全资金回流农村机制和金融监管体系，推进"互联网+"普惠金融服务产品的创新。同时，要规范信贷投向，创新金融产品，健全小微企业融资渠道，促进实现底线公平和收入分配公平。完善金融环境建设，提高金融服务环境公平，有效发挥包容性金融发展实现社会公平的积极效应。进一步完善正式制度的建设，鼓励金融服务多元化发展；重视非正式制度建设，由规范、社会资本等约束相关人员的行为；适当建立信用激励机制，完善金融监管制度，提高金融服务的广度、深度和效率，促进提升包容性金融发展实现社会公平的效果。

综上，制度、包容性金融与社会公平的研究是一个复杂的课题，尚有许多空间值得我们深入探索。公平、正义是中国特色社会主义的内在要求，实现社会公平是我国巩固扶贫攻坚成果、防返贫的重要基础，在这一过程中，积极完善制度建设，有利于发挥包容性金融发展的积极作用。期望本书的研究能为我国包容性金融发展的理论和相关政策制定提供参考与借鉴。

目 录

第1章 绪论 ··· 1

第2章 包容性金融发展的测度：空间特征与数字特征 ············· 7
  2.1 金融发展与包容性金融发展 ··· 7
  2.2 包容性金融发展指数的测度原理 ····································· 11
  2.3 包容性金融发展指数的测度 ·· 25
  2.4 中国包容性金融发展的时空演变特征 ······························ 30
  2.5 多方位促进包容性金融发展 ·· 48

第3章 社会公平与社会公平度的分析 ·· 51
  3.1 社会公平的界定 ··· 51
  3.2 社会公平的测度与分析 ··· 55
  3.3 社会公平度的时空演变分析 ·· 65

第4章 包容性金融发展与社会公平的实现 ································ 72
  4.1 包容性金融发展对社会公平实现的作用机理 ·················· 72
  4.2 包容性金融发展影响社会公平的研究策略 ····················· 74
  4.3 包容性金融发展影响社会公平的经验检验 ····················· 81
  4.4 发挥包容性金融发展实现社会公平的作用 ····················· 87

第5章 制度质量对包容性金融发展实现社会公平的影响 ·········· 89
  5.1 制度影响包容性金融发展与社会公平的机理 ·················· 90
  5.2 制度质量的测度与分析 ··· 92
  5.3 制度质量影响包容性金融发展实现社会公平的研究策略 ··· 109
  5.4 制度质量影响包容性金融发展实现社会公平的经验检验 ··· 112
  5.5 完善制度建设提升包容性金融发展的社会公平效应 ········ 115

参考文献 ··· 118
后记 ··· 131

第 1 章 绪　　论

随着改革的逐步深化，我国经济进入新常态①发展，经济增长由高速转为中高速，经济福祉也由"先富先好"转向"包容平等"。GDP（gross domestic product，国内生产总值）由 1978 年的 3 678.7 亿元增长至 2019 年的 99.09 万亿元，人均 GDP 由 1978 年的 385 元增长至 2019 年的 70 892 元（国家统计局，2020）。经济的高速增长得益于市场经济制度的全面确定，同时，我国在金融发展、贫困减缓及居民生活水平等方面得到了显著的提高，但不容忽视的一个问题就是收入差距的扩大，已经成为全面建成小康社会的障碍。

1. "多层次、广覆盖、可持续"的金融体系构建与改革

改革开放以来，我国的金融发展经历了从单一到多元的发展历程，无论是规模还是效率都有着显著的提高。以经典的 M2/GDP 表示的发展规模上看，我国的金融发展规模由 1978 年的 0.32 上升到 2019 年的 2.03，远远超过实际经济增长速度，2019 年金融深化发展程度（居民储蓄/准货币）（Hao，2006）达到 56.2%。

20 世纪 80 年代的金融改革促进了金融部门的多样化发展，除四大国有独资银行外，大量金融中介不断涌现，如区域性银行、农村信用社、城市信用社及信托投资公司等非银行金融中介也陆续成立，虽然其存款和贷款来源都有相应的限制，但是从事有选择的银行服务和非银行服务业务不断扩大（Allen et al.，2005）。1994 年后，我国又陆续成立了国家开发银行、农业发展银行和进出口银行三个政策性银行，城镇信贷公司转为商业银行，允许非国有商业银行和外资银行成立，减少政府对贷款分配的干预，以及放松对利率的管制等。在全球经济金融化趋势日渐增强的情况下，我国金融机构（中国人民银行、政策性银行、国有独资商业

---

① 2013 年 12 月 10 日，习近平总书记在中央经济工作会议上的讲话首次提出"新常态"："我们注重处理好经济社会发展各类问题，既防范增长速度滑出底线，又理性对待高速增长转向中高速增长的新常态；既强调改善民生工作，又实事求是调整一些过度承诺；既高度关注产能过剩、地方债务、房地产市场、影子银行、群体性事件等风险点，又采取有效措施化解区域性和系统性金融风险，防范局部性问题演变为全局性风险。"参见 http://theory.people.com.cn/n1/2018/0212/c416915-29819882.html。

银行、邮政储汇局、其他商业银行、城市商业银行、农村商业银行、农村合作银行、城市信用社、农村信用社、信托投资公司、财务公司、租赁公司、外资金融机构等）发展迅速，总金融资产总量由1978年的0.33万亿元增加到2018年的454.41万亿元[①]。现在，我国多样化的金融体系已经逐步完善，主要由中央银行（中国人民银行）、政策性银行、国有独资商业银行、其他商业银行、非银行金融机构、股票市场和债券市场等构成，大大增加了金融服务获得的可能性，尤其是偏远地区和农村地区的弱势群体的金融服务可获性大幅度提高。

2. 贫困减缓成果显著

党的十九大报告指出，"脱贫攻坚战取得决定性进展，六千多万贫困人口稳定脱贫，贫困发生率从百分之十点二下降到百分之四以下"。我国一直致力于贫困减缓工作，并取得突出的成就（表1.1）。

表1.1 我国贫困人口与贫困率

年份	1978年标准[a]		2008年标准[b]		2010年标准[c]	
	贫困人口/万人	贫困率	贫困人口/万人	贫困率	贫困人口/万人	贫困率
1978	25 000	30.7%			77 039	97.5%
1980	22 000	26.8%			76 542	96.2%
1985	12 500	14.8%			66 101	78.3%
1990	8 500	9.4%			65 849	73.5%
1995	6 540	7.1%			55 463	60.5%
2000	3 209	3.5%	9 422	10.2%	46 224	49.8%
2005	2 365	2.5%	6 432	6.8%	28 662	30.2%
2006	2 148	2.3%	5 698	6.0%		
2007	1 479	1.6%	4 320	4.6%		
2008			4 007	4.2%		
2009			3 597	3.8%		
2010			2 688	2.8%	16 567	17.2%
2011					12 238	12.7%
2012					9 899	10.2%
2013					8 249	8.5%

---

① 总金融资产包括现金、存款余额、贷款余额、债券余额、股票市值及保费收入（易纲和宋旺，2008）。原始数据来源于中经网统计数据库。

续表

年份	1978年标准 a)		2008年标准 b)		2010年标准 c)	
	贫困人口/万人	贫困率	贫困人口/万人	贫困率	贫困人口/万人	贫困率
2014					7 017	7.2%
2015					5 575	5.7%
2016					4 335	4.5%
2017					3 046	3.1%
2018					1 660	1.7%
2019					551	0.6%

a) 1978~1999年称为农村贫困标准，2000~2007年称为农村绝对贫困标准；b) 2000~2007年称为农村低收入标准，2008~2010称为农村贫困标准；c) 现行农村贫困标准为2 300元/人/年（2010年不变价）

资料来源：1978~2017年数据来源于国家统计局（2018）；2018年和2019年数据来源于国家统计局（2020）

  作为世界上最大的发展中国家，贫困曾是我国面临的重要问题之一[①]，也是全面建成小康社会的底线任务。我国的贫困标准分别在2008年和2010年进行调整，根据2010年统计标准，我国农村绝对贫困人口从1978年的77 039万人下降至2019年的551万人，贫困发生率从1978年的97.5%下降到2019年的0.6%[②]，2020年11月23日，随着贵州省剩余9个贫困县退出贫困县序列，我国832个贫困县全部脱贫[③]。"2020年贫困地区和贫困群众同全国一道进入全面小康社会。"[④]

  恩格尔系数[⑤]是食品支出占个人消费支出的比重，该比重越大，意味着一国或地区越贫穷，从这一角度看，恩格尔系数可以测度贫困，并成为底线公平的一个指标。我国城镇居民恩格尔系数和农村居民恩格尔系数均明显下降，城镇居民恩格尔系从1978年的57.5%下降到2019年的27.6%，下降了29.9个百分点，下降幅度为52%；农村居民恩格尔系从1978年的67.7%下降到2019年的30%，下降了37.7个百分点，下降幅度为55.7%。1978~2019年我国城镇居民恩格尔系数与农村居民恩格尔系数变化情况如图1.1所示。

---

① 作为世界上最大的发展中国家，我国的贫困人口曾经占世界贫困人口总量的20%，但经过多年的发展，我国脱贫攻坚战取得了全面胜利。

② 我国只有农村的官方贫困线，尚无城镇的官方贫困线。统计年鉴中也是农村贫困的统计数字。

③ 参见：习近平总书记关切事|我国所有贫困县全部脱贫. https://politics.gmw.cn/2020-11/24/content_34394304. htm, 2020-11-24.

④ 参见：确保到2020年贫困地区和贫困群众同全国一道进入全面小康社会. http://www.gov.cn/zhengce/2018-08/21/content_5315481.htm, 2018-08-21.

⑤ 通常，这一指标以食品消费支出占比计算，指标越小，说明随着收入的增加，食品的支出占比越小，这个家庭或地区越富裕，反之越贫穷。这一指标也是衡量贫困水平的常用指标之一。

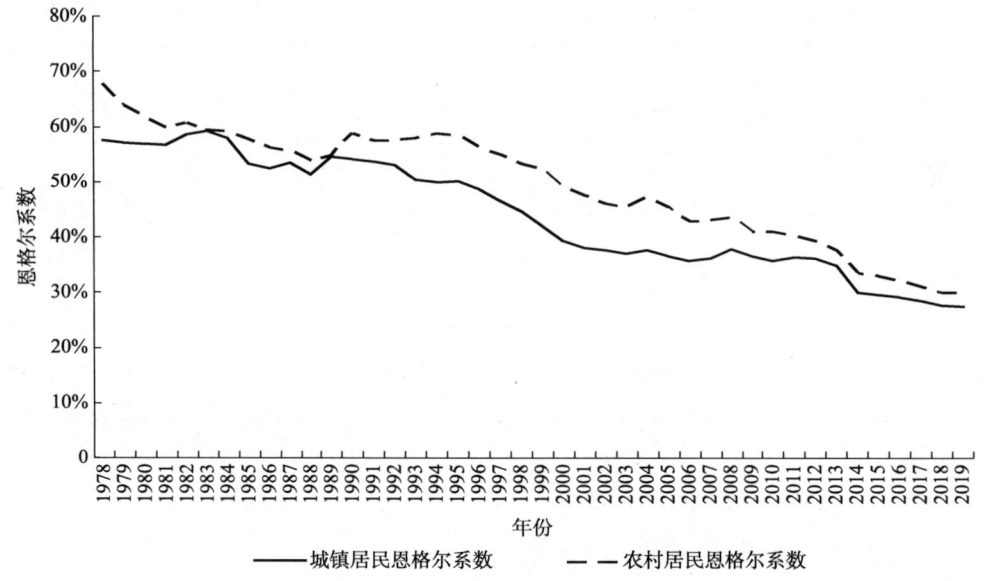

图 1.1　1978~2019 年我国城镇居民恩格尔系数和农村居民恩格尔系数变化情况
资料来源：中经网统计数据库

减贫的效果得益于我国在不同时期的减贫措施的实施：改革式减贫（1978~1985 年）、开发式扶贫（1986~1993 年）、"八七"扶贫攻坚计划（1994~2000 年）、综合扶贫（2001~2010 年），以及转型式扶贫（2011 年至今）。在众多的减贫措施中，金融发展减贫的作用逐步发挥出来，从 20 世纪 80 年代我国开始实施信贷扶贫到微型金融、保险等多种方式的出现，以及当前的普惠金融发展等，金融在贫困减缓这一底线公平中起到了不可替代的作用。

3. 人均收入水平不断提高

改革开放以来，随着我国经济的稳定增长，人均可支配收入水平不断提高，城镇居民人均可支配收入由 1978 年的 343.4 元增长至 2019 年的 42 358.8 元，农村居民纯收入也由 1978 年的 133.6 元增长至 2019 年的 16 020.7 元，1978~2019 年我国人均 GDP 与居民生活水平变化如图 1.2 所示。

然而，人均收入不断增长的同时，收入差距也不断扩大，这意味着不平等程度增加。根据世界银行的统计，收入差距的警戒线为 0.4[①]，而从我国各年基尼系数看（图 1.3），我国的基尼系数在 2000 年已经超越了这一警戒线，并基本呈逐年上升趋势。自改革开放以来，我国 GDP 流向富裕人群和低收入人群（较低收入的

---

① 按照联合国有关组织规定，基尼系数低于 0.2，收入绝对平均；0.2~0.3，收入比较平均；0.3~0.4，收入相对合理；0.4~0.5，收入差距较大；0.5 及以上，收入差距悬殊。

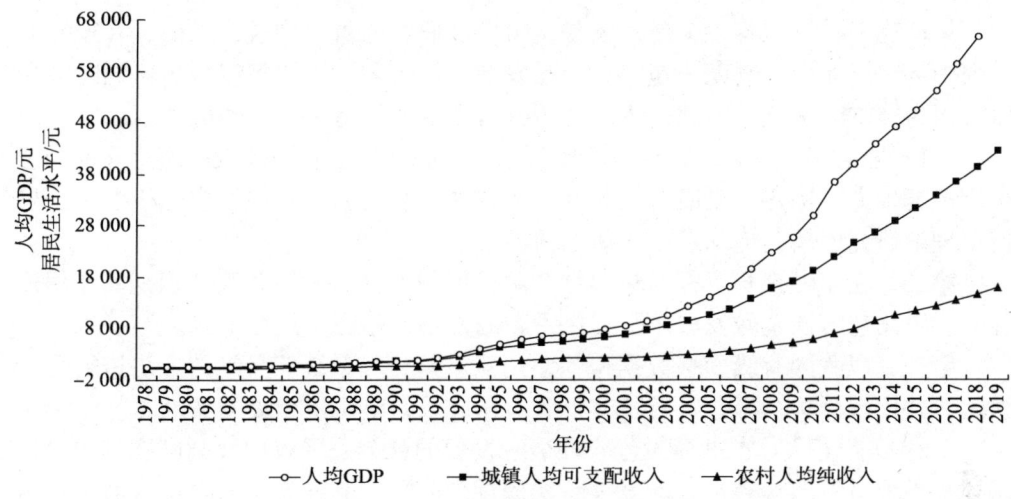

图 1.2 1978~2019 年我国人均 GDP 与居民生活水平变化

资料来源：国家统计局数据库

50%人群）的比重由 27%∶27%，改变为 41%∶15%[①]，收入不平等问题较为严重，"已接近一些不平等状况严重恶化的非洲及拉美国家"（陈志刚和王皖君，2009）。我国城乡居民、东中西部地区居民、高低收入群体等收入差距较大，不仅影响我国经济的健康运行，也为社会稳定运行带来不利的影响。

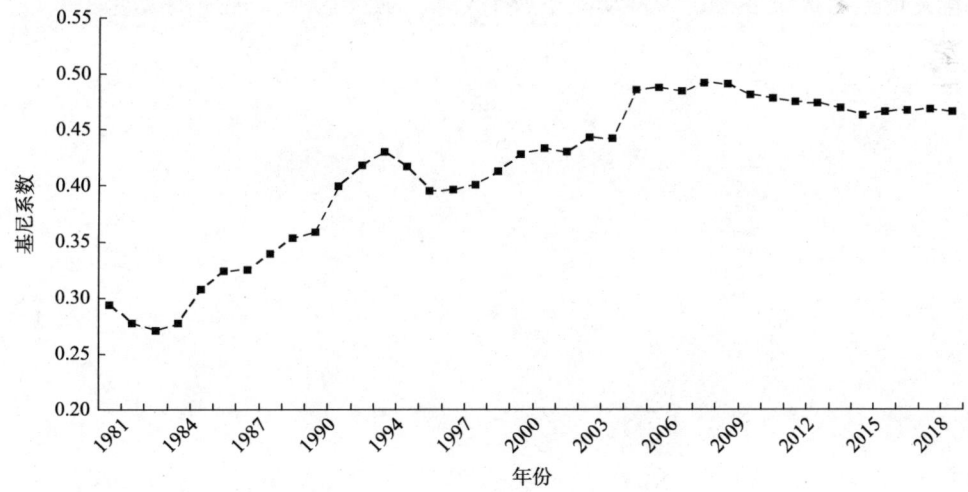

图 1.3 我国基尼系数变化

资料来源：2004 年及之前数据来自程永宏（2007）（1991 年数据缺失）；2005 年之后相关数据来自国家统计局住户调查办公室

---

① 参见《世界不平等报告 2018》。

从理论上看，包容性金融发展是金融发展研究的重要构成，然而，在现有的研究中，缺乏关于"制度—包容性金融发展—社会公平"的机制分析，同时缺少以我国为样本的检验。由此，本书的研究具有重要的理论与实践意义。

（1）理论意义。第一，在制度经济学、发展经济学、金融发展理论和社会公平理论基础上，构建"制度—包容性金融发展—社会公平"的综合分析框架，丰富了理论研究成果，追踪了学术研究前沿。

第二，在制度视角下探讨包容性金融发展与社会公平的关系，识别其作用途径，为提高包容性金融发展水平提供了新的视角，拓展了研究范式。

第三，以我国省级面板数据检验，用双重差分和系统广义矩的方法进行经验检验，并比较分析结果，补充了实证和应用成果，丰富了相关的文献。

（2）实践意义。本书探讨包容性金融发展的社会公平效应及制度在其中的作用，提出促进我国包容性金融发展、实现社会公平的制度安排与对策，对于完善我国"多层次、广覆盖、可持续"金融体系构建与深化金融改革有着重要的参考价值，同时也为我国包容性金融发展战略的实施提供了借鉴思路，进而为实现改革成果公平共享与"中国梦"的战略目标奠定了基础。

综上，本书以包容性金融发展为研究对象，从金融发展与社会公平研究领域的前沿出发，系统分析包容性金融发展的社会公平效应及地区制度质量在其中的作用，能够为我国深化金融改革、包容性金融发展战略实施等相关政策的制定提供理论依据与决策参考，为推动改革成果共享与社会公平实现提供借鉴。

第 2 章　包容性金融发展的测度：空间特征与数字特征

2013 年，党的十八届三中全会正式提出"发展普惠金融"，这标志着金融包容已经成为我国金融改革的重要内容，并在推动中国经济新常态发展中发挥着不可替代的作用。2015 年，国务院发布《推进普惠金融发展规划（2016—2020 年）》，为普惠金融发展指明了方向。在政策和制度的推动下，我国包容性金融发展迅速，根据《2019 年中国普惠金融发展报告》的统计，2019 年金融服务包容性不断增强，以小微企业服务为例，截至 2019 年 6 月末，全国普惠型小微企业贷款余额 10.7 万亿元，较年初增长 14.27%，平均利率为 6.82%，较 2018 年平均利率下降 0.58%，不良贷款率 3.75%，较年初下降 0.43%[①]。在当前背景下，如何量化包容性金融发展水平，从而提高包容性金融发展的服务效率，对完善我国"多层次、广覆盖、可持续"的包容性金融体系构建与推动改革成果共享有着重要意义。

2.1　金融发展与包容性金融发展

自 Goldsmith（1969）、McKinnon（1973）和 Shaw（1973）等创建金融发展理论以来，金融理论逐步完善。Goldsmith（1969）将金融发展界定为金融结构，即一国金融工具和金融机构的形式、性质及相对规模的变化。McKinnon（1973）和 Shaw（1973）则根据发展中国家经济发展过程，从金融深化和金融压制两个方面来界定金融发展，McKinnon（1973）指出，金融压制是政府过多干预金融活动和金融体系的发展现象，而 Shaw（1973）认为取消政府对金融活动的干预，则可

---

① 2019 年中国普惠金融发展报告：普惠金融整体发展趋势向好. https://www.cebnet.com.cn/20190930/102604665.html，2019-09-30.

形成金融深化发展。可见，金融发展包括了各类金融活动、金融体系的发展，而政府在金融发展中有着重要的影响。也就是说，金融发展应是整个金融体系所表现出来的量和质的提高，以及各部分的协调发展（崔艳娟，2014），从内容上看，金融发展包括金融总量的扩大、金融结构的优化和金融服务准入的扩大。

包容性金融发展是金融发展的重要方式之一。自2005年联合国小额信贷年后，"inclusive finance"受到学界和政策制定者的广泛关注。它是指包容性的金融体系，即能够多渠道、高效、全方位地为所有人提供金融服务。中国小额信贷联盟的白澄宇先生最早将之译为"普惠金融"。2013年9月16日，时任中国人民银行行长周小川在《求是》发表《践行党的群众路线 推进包容性金融发展》一文，阐述了"包容性金融发展"的理念。在相关研究中，还有类似词语，如"金融包容"，从相关研究看，这些词语表达的内涵基本一致：金融机构发展可持续、提供服务成本可负担、服务对象的全体性。由此，本书除直接引用外，统一使用"包容性金融发展"一词。

Dev（2006）将包容性金融发展定义为以可负担的成本为大部分弱势和低收入群体提供金融服务。Beck等（2000，2007a，2007b）认为包容性金融发展是正规金融服务体系以合理的成本让所有成员能够容易获取、拥有和使用公平且安全的金融服务（如贷款、存款和保险等）的过程。Sarma和Pais（2011）也表达了类似的观点，认为金融包容是保证经济体所有成员能够容易获取、使用正规金融的过程。提高金融服务的可获性，并不意味着其使用性也提高（Beck and Demirgüç-Kunt，2008；Demirgüç-Kunt et al.，2008），因此，包容性金融发展至少应包含金融服务的可获性及使用性两个层面的含义。World Bank（2014）在全球报告中，正式将包容性金融发展定义为金融机构在可持续发展的前提下，以可承担的成本提高贫困群体金融服务和产品的可获性。包容性金融发展有助于提高被排斥在金融服务之外的群体的教育、生产等投资，从而在提高资源配置效率、降低贫困和改善社会福利（Hannig and Jansen，2010；Kapoor，2013）等方面发挥积极作用。

从相关的定义看，作为金融发展的重要方式之一，包容性金融发展既强调了金融服务覆盖面的扩大、金融服务的创新，又体现了金融产品的接触性和参与性，其目标就是将金融排斥（financial exclusion）的群体纳入正规的金融服务体系中，保证经济体内所有成员能够容易获得和使用正规的金融服务。金融排斥是与金融包容相反的概念。Leyshon和Thrift（1995）将其定义为将特定的社会群体和个人排斥于获取正规金融服务之外的过程。Carbo等（2005）给出了更为宽泛的定义，认为某些社会群体缺乏获取金融服务的能力，即金融排斥。Conroy（2005）将金融排斥界定为将贫困群体和非优质群体排斥在正规金融服务之外的过程。Mohan（2006）认为，某些社会群体无法从主流机构获取合适、低成本、公平且安全的金融产品和服务,即金融排斥[①]。印度政府机构 Rangarajan Committee(2008)结合金融排斥的概念,认为金融包容就是以可负担的成本为脆弱群体,如贫困和低收入群体,提供及时的金融服务,将排斥在正规金融服务之外的群体包容进来。

综上,包容性金融发展作为金融发展的重要方式之一,在为所有群体,尤其是低收入群体提供金融服务时,既要保证自身的可持续发展,也应保证金融服务的覆盖性、可获性及使用性。

包容性金融发展广覆盖、可获取及成本可负担的特点已经得到共识,但如何测度其水平一直是重要的理论与实践探索[②]。具有代表性的研究有 Beck 等(2007a),他们首次系统分析了金融包容的测度指标,以银行机构覆盖度(银行机构数量/千平方千米、银行机构拥有量/十万人、ATM[③]数量/千平方千米和 ATM 拥有量/十万人)和银行金融服务使用度(贷款额/千人、贷款收入比、储蓄额/千人和储蓄收入比)两个维度对金融包容进行测度,这一研究开创了金融包容的实证研究。Honohan(2006)对 Beck 等(2005)的指标进行改进,以拥有银行账户的家庭数量比率来衡量金融包容,但由于测算数据主要源于银行统计资料,很多指标难以实际测算,且与实际水平存在偏差。Sarma(2008)利用银行渗透程度(拥有银行账户人数)、银行服务可用性(银行机构数/千人)、银行业务利用程度(存贷款总额/GDP)三个维度构建了金融包容指数(index of financial inclusion,IFI),数值在 0 和 1 之间,0 表示完全的金融排斥,1 表示完全的金融普惠,这是首次对金融包容的综合测度,并为后续研究提供了重要的借鉴。Chakravarty 和 Pal(2010)对这一指数进行完善,将每个维度的权重设置为 1/3,使得金融包容指数计算更为简便。World Bank(2014)利用银行账户使用程度、储蓄、借款、支付、保险五个维度构建综合金融发展指数。后续很多学者以 Beck 等(2005)的单指标计算和 Sarma(2008)的金融包容指数为基础进行了实证分析。例如,Arora(2010)用银行覆盖面、交易便捷性及成本交易三个指标,比较发展中国家和发达国家的金融可获性的差异。Sen(2010)、Gupte 等(2012)、Yorulmz(2013)、Fungáčová 和 Weill(2014)分别从金融服务的使用、便利、成本等维度测度金融包容水平。

---

① Kempson 和 Whyley(1999)、Sarma(2010)提出五种金融排斥:一是获取排斥(access exclusion),即部分群体因地理位置偏远或金融风险防范等无法获取金融服务;二是条件排斥(condition exclusion),即部分群体因无法达到一些特定的金融限制条件而被排斥在金融服务之外;三是价格排斥(price exclusion),即部分群体因无法承担金融服务价格而被排斥;四是市场排斥(marketing exclusion),即金融服务对象将部分群体排斥在外;五是自我排斥(self-exclusion),即部分群体因担心被拒绝或心理障碍而主动将自己排斥在金融服务之外。

② 自小额信贷年开始,金融服务可获性的相关数据是包容性金融发展深入量化分析的主要障碍。世界银行从2011年通过抽样调查问卷建立了全球数据库,这在很大程度上解决了相关研究数据缺乏的限制。然而,在这一抽样调查问卷的应用上却存在限制,部分地区的数据无法获取。但相关指标的选取为本书选取合适的指标测度包容性金融发展提供了重要参考基础。

③ ATM: automatic teller machine,自动柜员机。

Chakraborty 和 Pal（2010）、Ambarkhane 等（2014）分别从使用便利、使用效率、满意度测度金融包容水平。Demirgüç-Kunt 和 Klapper（2013）以银行账户拥有量、银行账户储蓄额和贷款余额作为金融包容指标。还有部分学者增加了测度维度，如 Amidžić 等（2014）以金融包容的外延（人口和地理分布）、使用情况（存款和贷款）、质量（信息披露要求、争端解决和使用成本）测度金融包容水平。Dabla-Norris 等（2015）从金融服务的可获性、深度和中介效率三个维度选取了成本、抵押品、利率差和违约可能性四个指标测度了包容性金融发展水平。Allen 等（2016）采用正式账户使用状况测度了包容性金融发展水平。Park 和 Mercado（2018）采用 ATM 数量/十万成年人、商业银行机构数量/十万成年人、存款人数/千成年人、贷款人数/千成年人及国内贷款额/GDP 五个指标构建金融包容指数，对部分发展中国家进行了测度。

近年来，我国学者也对金融包容指数进行分析与测度，如伍旭川和肖翔（2014）从可获性、使用情况、服务质量三个维度建立金融包容指数，用以测度金融包容发展水平。焦瑾璞等（2015）从可获性、使用情况、服务质量维度选取指标，并采用因子分析法合成金融包容指标。崔艳娟和刘旸（2017）从金融服务深度（存贷款余额/千人、储蓄余额/千人、小额贷款余额/千人）、广度（银行员工数/千人、银行网点数/千人、银行员工数/万平方千米、银行网点数/万平方千米）、效度（存贷款余额/GDP、储蓄余额/GDP、保险费用/GDP）和稳定性（不良贷款率）测度金融包容发展水平。崔艳娟（2018）对崔艳娟和刘旸（2017）的指标进行改进，增加了证券（股票）和保险业包容发展的度量，并对我国包容性金融发展水平进行了测度。李建军和韩珣（2019）采用人均城乡居民储蓄存款/人均收入、人均金融机构贷款/人均收入两个指标合成金融包容指数，并分析了包容性金融发展的减贫和收入效应。

这些研究采用单一指标或多个指标以跨国数据或单一国家样本数据测度包容性金融发展水平，为后续研究提供了重要基础。但在相关研究中，包容性金融发展的测度主要以跨国数据为主，以我国为样本的分析还较少，并且相关的测度指标主要以银行机构为主，较少将保险、资本市场等金融服务包含进来，同时，也未考虑将当前互联网金融、数字金融等包含进来分析。从包容性金融发展的特征来看，无论是金融服务主体的多元化还是服务方式的多样化，在包容性金融发展的分析与评价中均不可忽视。因此，本章借鉴已有的研究成果，结合我国金融改革实践，将小额信贷［如小额贷款公司（以下简称小贷公司）］、股票市场、保险服务及数字金融发展包含进来，尝试构建包容性金融发展评价体系，并对我国 2006~2018 年 31 个省（区、市）的包容性金融发展水平进行测度，以期丰富金融发展的相关成果，并为包容性金融发展的实践提供借鉴。

2.2 包容性金融发展指数的测度原理

2.2.1 测度方法

根据包容性金融发展的定义及包容性金融发展测度的相关研究,本书选择包容性金融发展指数的评价指标,并确定指标评价语集 $U=\{u_1,u_2,\cdots,u_n\}$,其中 u_i 是各种可能的评价结果所构成的隶属函数。

隶属函数 $u_A(x):U\to[0,1]$,$u_A(x_i)$ 为 x_i 的隶属度。函数中 A 为模糊子集,定义为 $A=\left\{\dfrac{u_A(x)}{x}\bigg|x\in X\right\}$。

设 $w=\{w_1,w_2,\cdots,w_n\}$ 为评价语集 U 对应的权重,且各级指标评价语的权重应满足条件:$\sum_{i=1}^{n}w_i=1$ 且 $w_i\geqslant 0$。各权重构成权重集表示为:$A=\{a_1,a_2,\cdots,a_n\}$。设置权重的方法很多,主观的方法有层次分析法、专家打分法、模糊分析法等,客观的方法有因子分析法、变异系数法等。值得注意的是,权重赋予方法不同,最后的测度结果可能不同。

与层次分析法、专家打分法或因子分析法相比,变异系数法是一种客观赋权法,通过变异系数来衡量指标取值时的差异程度,最终避免指标量纲不同的影响并计算出各指标的权重。这种方法更适合用来评价相对模糊的指标,确定维度内部的指标权重及实证研究。由此,本节选择变异系数法进行测度,具体方法如下。

第一,计算各维度的实际值后,根据指数的正向和负向属性,以式(2.1)和式(2.2)进行无量纲化处理。其中,X、m、M 分别为各指标实际值、最小值和最大值;f 和 f' 为无量纲处理后的指标值。

$$f_i=\dfrac{X_i-m_i}{M_i-m_i},\quad m_i\leqslant X_i\leqslant M_i \tag{2.1}$$

$$f_i'=\dfrac{M_i-X_i}{M_i-m_i},\quad m_i\leqslant X_i\leqslant M_i \tag{2.2}$$

第二,根据式(2.3)计算各指标的权重。其中,W_i 为指标权重;V_i 为各指标的变异系数,以各指标的标准差与均值的比值计算。根据结果,若第 i 个指标 V 值较大时,则该指标所占权重也较大。

$$W_i = \frac{V_i}{\sum_{i=1}^{n} V_i}, \quad 0 \leqslant W_i \leqslant 1 \qquad (2.3)$$

第三，根据各指标无量纲处理后的数值及权重，计算各维度指标数值后，再次根据式（2.3），计算各维度指标权重（W_i）。

2.2.2 评价步骤与方法

首先，设置综合评价语集 $E=\{e_1,e_2,\cdots,e_n\}$，e 为可能的评价结果，按照降序或升序排列。在评价过程中，可以通过专家打分法、因子分析法等赋值。

其次，建立评价矩阵，构建综合评价体系。建立单因素指标评价关系矩阵 $\boldsymbol{R}=\left(r_{ij}\right)_{m \times n}$，$r_{ij}$ 是 U 中因素 $u_{n,t}$，当 $i \leqslant m$、$j \leqslant n$ 时，$r_{ij} \in [0,1]$，即

$$\boldsymbol{R} = \begin{pmatrix} r_{11} & r_{12} & \cdots & r_{1n} \\ r_{21} & r_{22} & \cdots & r_{2n} \\ \vdots & \vdots & & \vdots \\ r_{m1} & r_{m2} & \cdots & r_{mn} \end{pmatrix}, \quad 0 \leqslant r_{ij} \leqslant 1 \qquad (2.4)$$

根据 $B=U \times A$ 进行综合评价。在评价时，从最底层指标进行计算，对评价对象进行评分计算。

最后，计算包容性金融发展的综合指数，并根据综合评价语集进行评价。

为更好地体现数理的标准、单调和一致等特征（Nathan et al., 2008），本书采用欧式距离公式计算包容性金融发展指数，$W=(w_1,w_2,\cdots,w_n)$ 表示计算值的最高值（理想值），$D=(d_1,d_2,\cdots,d_n)$ 表示 n 维笛卡儿空间中的点，根据式（2.5）计算。

$$d_i = w_i \times f_i, \quad 0 \leqslant d_i \leqslant w_i \qquad (2.5)$$

根据各指标与最大值的距离，以式（2.6）计算包容性金融发展指数（IFI），并用于计算各一级指标（f_i）和目标层指标（F）的发展指数。

$$\text{IFI} = 1 - \frac{\sqrt{(w_1-d_1)^2+(w_2-d_2)^2+\cdots+(w_n-d_n)^2}}{\sqrt{w_1^2+w_2^2+\cdots+w_n^2}} \qquad (2.6)$$

由式（2.6）计算得出的数值，确定包容性金融发展的评价语集 $E=\{$较低，中等，较高，高$\}$，评价语集的具体赋值如表 2.1 所示。当 $0 \leqslant \text{IFI} \leqslant 0.3$ 时，包容性金融发展处于较低水平；当 $0.3 < \text{IFI} \leqslant 0.6$ 时，包容性金融发展处于中等水平；当 $0.6 < \text{IFI} \leqslant 1$ 时，包容性金融发展处于较高水平。该指数越接近于 1，包容性金融发展水平越高。

表 2.1　包容性金融发展评价语集

指标取值范围	评价语
0 ≤ IFI ≤ 0.3	较低
0.3 < IFI ≤ 0.6	中等
0.6 < IFI ≤ 1	较高

2.2.3　评价指标体系的构建

1. 构建的基本原则

根据包容性金融发展的内涵，在选取指标时应尽量体现其基本特征：使用者的可获性及提供者的可负担性，同时，尽可能地细化评价维度和指标，从而实现对包容性金融发展较为客观、科学评价的目标。在选择相关指标时，遵循的具体原则如下。

1）科学性原则

包容性金融发展的测度与评价应反映金融发展的重要因素，因此，其来源应有据可循，力求全面、客观、准确地描述其"可获与可承担"的特征。这一原则是整个评价指标体系选取的核心所在，也是首先应遵守的原则。

2）可比与可操作相结合的原则

包容性金融发展的评价指标应是可测量的和可比较的。所选取的评价指标应能够系统地反映包容性金融发展的构成要素，并具有普遍的统计意义，从而实现横向与纵向的比较。同时，各指标应有明显的界线区分，并能够从实践中获取可靠的数据，从而使得指标可识别与可计算。

3）全面与重点相结合的原则

包容性金融发展的评价语集是由多个评价指标构成的有机整体，因此，各指标的选取应具有一定的覆盖面，且将重点因素包含进来。但同时，也应突出重点，选取具有代表性的指标，准确并简洁地表达所测度的体系。

4）力求精确的原则

在所建立的指标中，有些指标可以直接度量，该类指标尽可能地采用权威性统计文献（如统计年鉴、行业报告等）或行业内部信息的数据，精确计算。对于部分指标可能无法直接测度，则尽可能采用替代指标，对于难以统计的，则假定其具有模糊性后，再量化处理，力求所有指标能够精确计算。

5）创新与发展的原则

创新与发展是包容性金融发展的重要特征之一。尤其是随着大数据、云计算等技术的不断进步，除了传统的金融机构外，还有金融企业，如蚂蚁金服、京东金融等，也提供额支付、信贷、保险等金融服务，并且大大降低了金融获取的门槛。而这些业务正是包容性金融发展的创新，由此，指标的选取应反映这一原则。

2. 评价指标的选取

根据上述原则，这里仍选取深度、广度、效度和稳定性四个维度对包容性金融发展指数进行测度。各维度下的指标选取，则在崔艳娟和刘旸（2017）所构建的指标体系（表2.2）基础上，根据提供金融服务的主体，如银行业、证券业、保险业、小额贷款机构及互联网金融企业，分别进行选取。

表 2.2 崔艳娟和刘旸（2017）的包容性金融发展指标体系

维度	指标	指标属性
深度	存贷款余额/千人	正
	储蓄余额/千人	正
	小额贷款余额/千人	正
广度	银行业员工数/千人	正
	银行业网点数/千人	正
	银行业员工数/万平方千米	正
	银行业网点数/万平方千米	正
效度	存贷款余额/GDP	正
	储蓄余额/GDP	正
	保险费用/GDP	正
稳定性	不良贷款率	逆

资料来源：崔艳娟和刘旸（2017）

1）传统金融服务测度指标的选取

相比崔艳娟和刘旸（2017）所构建的指标，本书重新构建设计了评价指标，从银行业[①]、证券业（主要是股票）、保险业三个方面选取指标，尽管当前我国的

---

① 传统银行业金融机构包括：大型商业银行（中国工商银行、中国农业银行、中国银行、中国建设银行和交通银行），国家开发银行和政策性银行，股份制银行，小型农村金融机构（农村商业银行、农村合作银行、农村信用社）。截至2016年底，包括中国农业发展银行、中国农业银行和中国邮政储蓄银行，以及1 114家农村商业银行、40家农村合作银行、1 125家农村信用社有涉农贷款。截至2017年底，我国银行业金融机构涉农贷款余额达到30.95万亿元，其中，农户贷款余额8.11万亿元，农村企业及各类组织贷款余额17.03万亿元，城市涉农贷款余额5.81万亿元；小微企业贷款余额30.74万亿元，小微企业贷款户数达到1 520.92万户。资料来源：贝多广等（2018）。

资本市场并不如银行机构发展迅速①，但随着我国城镇化水平的推进，其在金融发展中有着重要的影响，从国际研究看，资本市场也是不可或缺的指标。同时，将小额贷款余额/千人这一指标去掉，统一放入新型金融机构的金融服务指标中进行测度。本书将崔艳娟（2018）的传统金融机构的包容性金融发展的测度指标（表2.3）中的股票稳定性和保险稳定性的计算方法指标分别改进，以股票成交额/股票市值和保险赔付率计算。相比而言，改进后指标的计算更为简单、可操作。

表 2.3 传统金融机构的包容性金融发展的测度指标

维度	测度指标	属性
深度（f_1）	银行业金融机构数/万人（f_{11}）	正
	银行业从业人员数/万人（f_{12}）	正
	年末上市公司数/万人（f_{13}）	正
	保险公司机构数/万人（f_{14}）	正
广度（f_2）	银行业金融机构数/万平方千米（f_{21}）	正
	银行业从业人员数/万平方千米（f_{22}）	正
	年末上市公司数/万平方千米（f_{23}）	正
	保险公司机构数/万平方千米（f_{24}）	正
效度（f_3）	贷款余额/地区生产总值（f_{31}）	正
	储蓄余额/地区生产总值（f_{32}）	正
	股票市值/地区生产总值（f_{33}）	正
	保费收入/地区生产总值（f_{34}）	正
稳定性（f_4）	不良贷款率（f_{41}）	逆
	股票稳定性（f_{42}）	正
	保险稳定性（f_{43}）	正

资料来源：崔艳娟（2018）

对本书采用的各维度指标解释如下。

（1）维度1：金融服务深度（f_1）。

金融服务深度是指在金融市场区域内提供金融服务的主体个数，用以反映金融服务供给主体的"普惠"特点，即金融服务的使用者数量。金融体系中金融服

---

① 从金融资产结构变化上看，我国金融总资产由原来单一的银行资产逐步转变为含有有价证券、保费等在内的多元化资产构成。1985年以前，我国金融资产是单一的银行资产，之后，新增了其他金融机构的存款、贷款、债券和股票等。各类资产增长迅速，金融机构存贷款在金融资产中比例有所下降，债券和股票、保费收入等资产比例有所上升，尤其是保费收入从无到有，2018年比1990年增加了约242倍，但在总资产中占比仍不足1%。

务的提供者越多，意味着金融服务的供给越多，在一定程度上提供的服务也随之增多。根据金融服务提供的主体，这一维度下选取银行业金融机构数/万人（f_{11}）、银行业从业人员数/万人（f_{12}）、年末上市公司数/万人（f_{13}）、保险公司机构数/万人（f_{14}）共4个正向测度指标进行测度。

（2）维度2：金融服务广度（f_2）。

金融服务广度用以说明消费群体是否能够便捷、低成本地获得金融服务，即金融服务主题的覆盖程度。在发展中国家，消费群体距离营业网点的距离远、收入水平低及服务收费高均导致包容性金融发展水平低（Demirgüç-Kunt and Klapper, 2012a）。这一维度以金融服务机构的地理密度测度，具体包括银行业金融机构数/万平方千米（f_{21}）、银行业从业人员数/万平方千米（f_{22}）、年末上市公司数/万平方千米（f_{23}）、保险公司机构数/万平方千米（f_{24}）4个正向测度指标。金融服务广度越大，包容性金融发展水平越高。

（3）维度3：金融服务效度（f_3）。

金融服务效度用以衡量金融机构提供服务的效率，即金融服务的使用程度。一般来说，单一地追求金融服务的广度和深度，可能会出现虽拥有银行账户但很少使用的情况，这将降低金融机构的使用效率。本书以贷款余额/地区生产总值（f_{31}）、储蓄余额/地区生产总值（f_{32}）进行测度。同时，部分群体使用保险和证券服务替代了银行金融服务，因此，在这一维度上增加股票市值/地区生产总值（f_{33}）和保费收入/地区生产总值（f_{34}）同时进行测度。这4个指标仍为正向测度指标。

（4）维度4：金融服务稳定性（f_4）。

金融服务稳定性用于衡量金融机构提供者的可持续性特征，即金融机构提供金融服务的可负担性。贷款是包容性金融服务的重要方式，如果贷款利率过高，那么不良贷款的出现率将大幅上升。因此，这里采用银行的不良贷款率作为银行服务稳定性（f_{41}）的测度指标。同时，以股票成交额/股票市值和保费支出/保费收入测度股票市场金融服务稳定性（f_{42}）和保险服务稳定性（f_{43}）。

2）小额信贷机构金融服务测度指标的选取

自2005年小额信贷年开始，作为金融包容与减贫的重要手段，小额信贷再次成为政策制定者、学者和实践者关注的热点。通常，向低收入群体和小微企业提供小额度信贷的服务，即被定义为小额信贷。小额信贷的服务对象具有特定性，且其目的是使所服务的低收入人群获得收益，因此，小额信贷具有典型的扶贫特点。小额信贷通常由小额信贷机构提供。世界银行扶贫协商小组认为小额信贷机构是能够为贫困人口提供贷款、储蓄、保险、结算等金融服务的组织机构。20世纪70年代，穆罕默德·尤努斯博士创建的孟加拉格莱珉银行成功地成为小额信贷实施的典范，并在世界各国广泛推广。

20世纪90年代，我国的经济改革不断深化，金融体系也随之不断完善，但受到二元经济结合的影响，农村地区仍存在金融服务空白。而国际上成功的小额信贷模式被以扶贫开发的方式引入，以增加贫困人口收入。相关的机构包括早期的农村信用合作社、部分商业银行（贴息贷款方式）等。尽管如此，当时我国一部分弱势群体（农民、失业人员、小微企业）等仍无法获得金融服务。为促进金融资源的高效配置，尤其是弥补欠发达地区和农村地区的金融缺口，2005年5月31日，中国人民银行确定陕西、四川、贵州、山西、内蒙古为小额信贷试点地区，规定了小贷公司的基本框架："只贷不存"、利率不能超过法定利率四倍、服务"三农"（农业、农村、农民）的原则下自主选择贷款对象[①]。由此，我国小贷公司逐步发展起来。2008年5月，中国银行业监督管理委员会和中国人民银行联合发布《关于小额贷款公司试点的指导意见》〔银监发（2008）23号〕和《关于村镇银行、贷款公司、农村资金互助社、小额贷款公司有关政策的通知》，至此，小贷公司作为金融体系的组成之一，开始了在我国的实践。

根据《关于小额贷款公司试点的指导意见》，小贷公司是由自然人、企业法人与其他社会组织投资设立，不吸收公众存款，经营小额贷款业务的有限责任公司或股份有限公司。作为企业法人，小贷公司有独立的法人财产，享有法人财产权，以全部财产对其债务承担民事责任。小贷公司执行国家金融方针和政策，在法律、法规规定的范围内开展业务，自主经营、自负盈亏，自我约束、自担风险，其合法的经营活动受法律保护，不受任何单位和个人的干涉。

此后，我国小贷公司逐步发展壮大，截至2019年12月末，全国有小贷公司7 551家，从业人员8.08万人，实收资本8 097.51亿元，贷款余额9 108.78亿元[②]，比2010年分别增长了1.889倍、1.896倍、3.547倍和3.612倍。在发展过程中，小贷公司逐步与村镇银行、农村资金互助社等新型金融机构[③]及民间借贷共同构成我国的小额信贷体系（图2.1），将低收入群体和小微企业包容到正规金融服务中，共同服务于我国新时代背景下的社会主义新农村建设，在提高金融包容发展及促进地方经济发展中均发挥着越来越重要的作用。

[①] 但规定70%以上的贷款用于服务"三农"。
[②] 参见中国人民银行发布的《2019年小额贷款公司统计数据报告》。
[③] 新型农村金融机构"支农支小"特点突出。截至2017年底，我国共组建村镇银行1 587家（其中65%在中西部地区），覆盖1 248个县（市），县（市）覆盖率为67%，其中包括416个国定贫困县和连片特困地区的县（市）。县（市）全覆盖的省（区、市）增至11个。村镇银行总体发展稳健，资产总额已经达到1.4万亿元，贷款余额8 000亿元，农户和小微企业贷款合计占比92.3%，户均贷款37万元，户均贷款连续多年都是持续下降的，从50多万元、40多万元到2017年底37万元；已累计为634万名客户发放贷款1 024万笔，累计放款4.4万亿元。
资料来源：https://www.cebnet.com.cn/20180112/102457294.html。

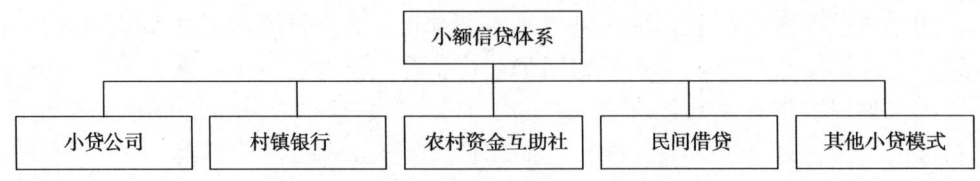

图 2.1　我国的小额信贷体系

考虑我国小额信贷机构运行实践[①]，遵循科学性、全面性、可比性、可获性原则，采用德尔菲法，以小贷公司为主体，共选取 9 个指标测度小额贷款机构的金融服务。各维度指标的含义、计算方法如表 2.4 所示。

表 2.4　小额贷款机构包容性金融发展的评价指标

指标维度	含义	采用的指标/度量方法
小额贷款服务广度	小额贷款服务的覆盖程度	机构数量/地区面积
		机构员工数/地区面积
		机构贷款余额/地区面积
小额贷款服务深度	小额贷款服务的地区人均服务水平	机构贷款余额/地区人口数量
		机构数量/地区人口数量
		机构员工数/地区人口数量
小额贷款服务效度	服务群体获得金融服务的可能性	机构贷款余额/地区生产总值
		机构贷款余额/金融机构贷款余额
小额贷款服务稳定性	资本经营效率	机构贷款余额/实收资本

（1）维度 1：小额贷款服务广度。

这一维度表明小额贷款服务的覆盖程度，可以衡量小额贷款服务的可获性，也就是消费群体（"三农"、中小企业）是否能够便捷、低成本地获得所需的服务。作为金融包容的重要方式之一，小额贷款服务的群体距离营业网点的距离是影响其发展的重要因素，在发展中国家表现得尤为明显。这里用小额贷款服务的地理分布密度进行测度，具体采用机构数量/地区面积、机构员工数/地区面积、机构贷款余额/地区面积三个指标，即以每千平方千米的公司数量、员工数和贷款余额计算。服务广度越大，小额贷款机构在市场中的竞争性越强，可持续发展水平越好。

（2）维度 2：小额贷款服务深度。

这一维度表明小额贷款服务的地区人均服务水平，即小额贷款服务的使用者

---

① 我国小贷公司试点运营开始于 2008 年，后陆续出台了一系列政策进行规范，但很多数据难以获得。

数量。这里采用小额贷款服务的人口密度表示，具体以机构贷款余额/地区人口数量、机构数量/地区人口数量、机构员工数/地区人口数量三个指标测度，即每十万人口的机构数量、员工数和贷款余额。这三个指标越大，所测度的服务深度维度值越大，说明小额贷款服务的使用情况越好，可持续发展水平越高。

（3）维度3：小额贷款服务效度。

这一维度测度了小额贷款的服务效率。一般来说，单一地追求服务的广度和深度，将降低金融机构的效率。本书借鉴金融发展指标的测度方法，以机构贷款余额/地区生产总值和机构贷款余额/金融机构贷款余额两个指标测度。这两个指标在一定程度上说明了小额贷款服务对地区经济增长的贡献，以及在地区所有金融机构服务中的存在性，从而反映小额贷款的可持续发展水平。这两个指标越大，小额贷款服务效度越高，可持续发展水平越好。

（4）维度4：小额贷款服务稳定性。

这里选用小额贷款服务稳定性这一维度，用以反映小额贷款机构的资金来源和用途，从而考察小额贷款机构的可持续发展情况。考虑数据的获取，这里仅选取资本经营效率一个指标测量，具体以机构贷款余额/实收资本来计算，该值越大，说明单位实收资本转化为贷款的比例越大，相应的服务越稳定。

以上各维度下的指标均为正向测度指标。

3）互联网金融服务

随着我国基础设施的完善和互联网技术的发展与应用，"互联网金融"[①]逐步成为新经济条件下的热门词语，并逐步发展壮大起来。但是，互联网金融的概念尚无统一的定义。谢平（2012）认为互联网金融是除直接融资和间接融资外的第三种融资方式，是无中介金融。中国人民银行将互联网金融定义为：互联网+金融，也就是"借助互联网和移动通信技术实现资金融通、支付和信息中介功能的新兴金融模式"，既包括了金融机构开展的互联网金融业务，也包括了非金融机构的互联网企业从事的金融业务。互联网平台和金融功能是互联网金融最重要的两个要素（吴晓求，2015）。从当前互联网金融的发展模式看，中国人民银行的界定具有广泛的适用性。

从互联网金融的发展状况看，2005~2012年是互联网金融的逐步形成时期，这一阶段传统金融服务不断与互联网结合，同时出现了新型的互联网业务（如P2P网络借贷[②]）。2010年，中国人民银行正式明确了第三方支付的业务范围，并于2011年5月发放第一批第三方支付牌照，同年7月第一家众筹网上线。2013

[①] 互联网金融是我国特有的词汇，国际上的称呼为电子金融或网上金融。

[②] P2P（peer to peer，点对点）网络借贷是2006年正式进入我国并逐步发展起来的。2007年6月，阿里巴巴集团凭借其掌握的大量交易数据及信用情况，与中国建设银行和中国工商银行等合作，向中小企业提供无抵押贷款。

年,第一张互联网保险牌照(阿里巴巴集团、腾讯和中国平安保险(集团)股份有限公司联手成立众安在线财产保险公司)发放,2017年8月非银行支付机构网络支付清算平台的运营机构网联清算有限公司成立。2013年"互联网金融元年"后,互联网技术的极大进步,使得互联网金融出现了井喷式的发展,并形成了互联网金融发展的重要模式:第三方支付(如支付宝)、P2P(如宜信和人人贷)、网络小贷(如阿里金融旗下的小贷公司)、众筹(如"天使汇""点名时间")、金融机构创新型互联网平台(如交通银行"交博汇"、招商银行"非常e购"、华夏银行"电商快线")等。作为一种辅助性、补充性的金融业务(王国刚,2014),互联网金融发展迅速,自2014年1月至2015年12月,互联网金融发展指数增长3.8倍。提供服务的主体以蚂蚁金服、京东金融、腾讯金融、苏宁金融、小米金融、百度金融等互联网企业为主,其数字金融服务群体定位于农村地区产业、中低收入群体和贫困人群、小微企业[①],业务涉及生产、生活的多方面(Chen,2016),如互联网融资、信用服务、数字支付、数字理财和数字保险等。这种创新型的金融发展,极大地降低了成本、克服了地理限制,已经成为当前我国推进普惠金融发展的重要方式之一。

郭峰等(2020)根据综合性、均衡性、可比性、连续性和可行性等原则,从数字金融服务的覆盖广度、使用深度和数字化程度三个维度来构建数字普惠金融评价指标体系,如表2.5所示。这一评价指标体系逐步应用于数字普惠金融的效应研究,如张勋等(2019)应用其分析了数字经济、普惠金融对包容性金融发展的影响。

表2.5 郭峰等(2020)数字普惠金融评价指标体系

一级维度	二级维度	具体指标
覆盖广度	账户覆盖率	每万人拥有支付宝账号数量
		支付宝绑卡用户比例
		平均每个支付宝账号绑定银行卡数
使用深度	支付业务	人均支付笔数
		人均支付金额
		高频度(年活跃50次及以上)活跃用户数占年活跃1次及以上用户数比

[①] 2016年1月,京东与国务院扶贫办签署电商精准扶贫战略合作协议,提出产业扶贫、用工扶贫、创业扶贫和金融扶贫四大策略。截至2017年底,京东金融的农村金融,服务832个国家级贫困县,超过30万农户获益;众创众筹累计扶持创业创新企业近9 000家;企业金融累计服务20万家中小企业,发放贷款近5 000亿元;京东闪付服务了800多万家线下商家。截至2018年6月底,蚂蚁金服在支付、保险、信贷方面服务的"三农"用户数分别达到2.37亿人、1.95亿人、1.09亿人,其中服务393.5万家农村小微企业、农村个体工商户、农村种养殖户。资料来源:贝多广等(2018)。

续表

一级维度	二级维度		具体指标
使用深度	货币基金业务		人均购买余额宝笔数
			人均购买余额宝金额
			每万支付宝用户中购买余额宝的人数
	信贷业务	个人消费贷	每万支付宝成年用户中有互联网消费贷的用户数
			人均贷款笔数
			人均贷款金额
		小微经营者	每万支付宝成年用户中有互联网小微经营贷的用户数
			小微经营者户均贷款笔数
			小微经营者平均贷款金额
	保险业务		每万支付宝用户中被保险用户数
			人均保险笔数
			人均保险金额
	投资业务		每万支付宝用户中参与互联网投资理财人数
			人均投资笔数
			人均投资金额
	信用业务		自然人信用人均调用次数
			每万支付宝用户中使用基于信用的服务用户数（包括金融、住宿、出行、社交等）
数字化程度	移动化		移动支付笔数占比
			移动支付金额占比
	实惠化		小微经营者平均贷款利率
			个人平均贷款利率
	信用化		花呗支付笔数占比
			花呗支付金额占比
			芝麻信用免押笔数占比（较全部需要押金情形）
			芝麻信用免押金额占比（较全部需要押金情形）
	便利化		用户二维码支付的笔数占比
			用户二维码支付的金额占比

资料来源：郭峰等（2020）

根据综合性、均衡性、可比性、连续性和可行性等原则，选取郭峰等（2020）的部分指标，用以测度数字普惠金融的覆盖广度、使用深度和数字化程度三个维度，分别以支付宝账户的广度、各类数字金融服务的人均使用情况，以及数字金融服务的便利性进行测度，如表 2.6 所示。由此，根据本书对包容性金融发展的界定与指标选取原则，这里将这三个维度分别对应于互联网金融服务广度、互联网金融服务深度和互联网金融服务效度指标。

表 2.6 互联网金融服务测度指标体系

维度	含义	采用的指标/度量方法
互联网金融服务广度	数字普惠金融的覆盖广度	账户覆盖率
互联网金融服务深度	数字普惠金融的使用深度	支付业务
		货币基金业务
		信贷业务
		保险业务
		投资业务
		信用业务
互联网金融服务效度	数字普惠金融的数字化程度	移动化
		实惠化
		信用化
		便利化
互联网金融服务稳定性	业务稳定	银行服务稳定
		股票稳定
		保险稳定
		小额贷款服务稳定
	技术稳定	互联网用户数增长率

作为重要的金融创新，互联网金融发展是一个系统的概念，从资金融通的角度看，互联网金融并没有改变金融的实质，它仅仅是使融资的方式发生了变化。作为金融契约的互联网金融，只是在金融销售渠道和获取渠道的创新（陈志武，2014）。因此，互联网金融服务稳定性一方面体现在银行、证券、保险和小额贷款机构的金融服务稳定中，即以银行金融服务稳定、股票稳定、保险稳定和小额贷款服务稳定测度。

另一方面，互联网金融服务稳定性很大程度依赖数字信息技术和移动通信终端，如图 2.2 所示。据调查，在农村地区，移动终端的使用依次是智能手机、台式电脑和笔记本电脑，固定电话使用逐步下降（贝多广等，2018）。由此，这里增加互联网金融技术稳定指标，辅助测度互联网金融服务稳定性，具体以"手机互联网用户数+宽带互联网用户数"（即互联网用户数）增长率计算。

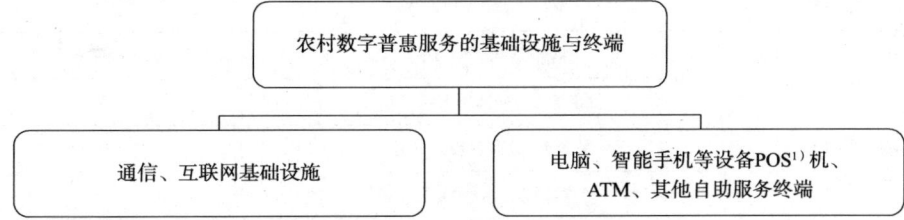

图 2.2　互联网金融服务的基础条件

1）POS：point of sales，销售终端

资料来源：贝多广等（2018）

将以上三部分指标合并，经过完善后，包容性金融发展指数的测度指标包含了深度、广度、效度和稳定性 4 个维度，共 23 个指标，如表 2.7 所示。

表 2.7　包容性金融发展指数的测度指标

维度（代码）	测度指标（代码）	属性
深度（f_1）	银行业金融机构数/万人（f_{11}）	正
	银行业从业人员数/万人（f_{12}）	正
	年末上市公司数/万人（f_{13}）	正
	保险公司机构数/万人（f_{14}）	正
	小额贷款服务深度（f_{15}）	正
	互联网金融服务深度（f_{16}）	正
广度（f_2）	银行业金融机构数/万平方千米（f_{21}）	正
	银行业从业人员数/万平方千米（f_{22}）	正
	年末上市公司数/万平方千米（f_{23}）	正
	保险公司机构数/万平方千米（f_{24}）	正
	小额贷款服务广度（f_{25}）	正
	互联网金融服务广度（f_{26}）	正
效度（f_3）	贷款余额/地区生产总值（f_{31}）	正
	储蓄余额/地区生产总值（f_{32}）	正
	股票市值/地区生产总值（f_{33}）	正
	保费收入/地区生产总值（f_{34}）	正
	小额贷款服务效度（f_{35}）	正
	互联网金融服务效度（f_{36}）	正

续表

维度（代码）	测度指标（代码）	属性
稳定性（f_4）	不良贷款率（f_{41}）	逆
	股票成交额/股票市值（f_{42}）	正
	保费支出/保费收入（f_{43}）	逆
	小额贷款服务稳定（f_{44}）	正
	互联网金融服务技术稳定（f_{45}）	正

根据式（2.3）确定各指标权重（W），从而构建评价指标体系，如表2.8所示。

表 2.8 包容性金融发展指数评价指标体系

目标	维度（权重）	测度指标（权重）
包容性金融发展水平（F）	深度（w_1）	银行业金融机构数/万人（w_{11}）
		银行业从业人员数/万人（w_{12}）
		年末上市公司数/万人（w_{13}）
		保险公司机构数/万人（w_{14}）
		小额贷款服务深度（w_{15}）
		互联网金融服务深度（w_{16}）
	广度（w_2）	银行业金融机构数/万平方千米（w_{21}）
		银行业从业人员数/万平方千米（w_{22}）
		年末上市公司数/万平方千米（w_{23}）
		保险公司机构数/万平方千米（w_{24}）
		小额贷款服务广度（w_{25}）
		互联网金融服务广度（w_{26}）
	效度（w_3）	贷款余额/地区生产总值（w_{31}）
		储蓄余额/地区生产总值（w_{32}）
		股票市值/地区生产总值（w_{33}）
		保费收入/地区生产总值（w_{34}）
		小额贷款服务效度（w_{35}）
		互联网金融服务效度（w_{36}）
	稳定性（w_4）	不良贷款率（w_{41}）
		股票成交额/股票市值（w_{42}）
		保费支出/保费收入（w_{43}）
		小额贷款服务稳定（w_{44}）
		互联网金融服务技术稳定（w_{45}）

具体评价时,根据式(2.1)~式(2.5)对包容性金融发展水平设置综合评价语集,并根据式(2.6)计算包容性金融发展指数。

2.3 包容性金融发展指数的测度

2.3.1 样本数据

根据上文的包容性金融发展评价指标体系及包容性金融发展指数测度方法,本章对我国31个省(区、市)的包容性金融发展指数进行测度。考虑到2005年小额信贷年之后,包容性金融发展才引起广泛的关注,同时考虑统计数据的可获性,本书将样本区间设置为2006~2018年。计算所用原始数据分别来源于2007~2019年的《中国统计年鉴》和《中国金融年鉴》、各省(区、市)统计年鉴及2006~2018年中国人民银行发布的《区域金融运行报告》和《小额贷款公司统计数据报告》,以及北京大学数字金融研究中心发布的《北京大学数字普惠金融指数(2011—2018年)》。所有数据均经过整理计算。

2.3.2 指标权重计算

根据2.2节阐述的原理对各级指标权重进行计算。

计算过程以2011年为例,说明如下。

第一,根据式(2.1)和式(2.2)将各指标数据进行无量纲化处理,得到各指标评价语。

例如,北京地区的评价语集如下:

$(f_{11}, f_{12}, f_{13}, f_{14}, f_{15}, f_{16}) = (0.727, 1.000, 1.000, 1.000, 0.142, 0.755)$

$(f_{21}, f_{22}, f_{23}, f_{24}, f_{25}, f_{26}) = (0.402, 0.336, 0.371, 0.687, 0.169, 0.986)$

$(f_{31}, f_{32}, f_{33}, f_{34}, f_{35}, f_{36}) = (1.000, 1.000, 1.000, 1.000, 0.011, 0.291)$

$(f_{41}, f_{42}, f_{43}, f_{44}, f_{45}) = (0.855, 0.026, 0.555, 0.555, 0.982)$

第二,根据式(2.3)计算各测度指标权重如下:

$(w_{11}, w_{12}, w_{13}, w_{14}, w_{15}, w_{16})^T = (0.108, 0.131, 0.265, 0.232, 0.162, 0.101)^T$

$(w_{21}, w_{22}, w_{23}, w_{24}, w_{25}, w_{26})^T = (0.133, 0.185, 0.268, 0.191, 0.149, 0.074)^T$

$(w_{31}, w_{32}, w_{33}, w_{34}, w_{35}, w_{36})^T = (0.143, 0.088, 0.447, 0.087, 0.155, 0.080)^T$

$(w_{41}, w_{42}, w_{43}, w_{44}, w_{45})^T = (0.136, 0.247, 0.126, 0.224, 0.268)^T$

第三,将各测度指标评价语(f_{ij})与权重(w_{ij})做乘积,得出对应的维度指标的评价语。北京地区的各维度评价指标的评价语计算过程如下：

f_1=（0.727, 1.000, 1.000, 1.000, 0.142, 0.755）×
（0.108, 0.131, 0.265, 0.232, 0.162, 0.101）^{T}=0.807

f_2=（0.402, 0.336, 0.371, 0.687, 0.169, 0.986）×
（0.133, 0.185, 0.268, 0.191, 0.149, 0.074）^{T}=0.444

f_3=（1.000, 1.000, 1.000, 1.000, 0.011, 0.291）×
（0.143, 0.088, 0.447, 0.087, 0.155, 0.080）^{T}=0.790

f_4=（0.855, 0.026, 0.555, 0.555, 0.982）×
（0.136, 0.247, 0.126, 0.224, 0.268）^{T}=0.580

由此，2011年北京地区各维度指标的评价语集为：

（f_1, f_2, f_3, f_4）=（0.807, 0.444, 0.790, 0.580）

第四，应用式（2.3）计算各维度指标的权重：

（w_1, w_2, w_3, w_4）=（0.191, 0.532, 0.193, 0.084）^{T}

将以上计算的2011年各测度指标和维度指标的权重进行整理，如表2.9所示。

表 2.9　2011 年各测度指标和维度指标权重

目标	维度指标（权重）	测度指标（权重）
包容性金融发展水平	深度（0.191）	银行业金融机构数/万人（0.108）
		银行业从业人员数/万人（0.131）
		年末上市公司数/万人（0.265）
		保险公司机构数/万人（0.232）
		小额贷款服务深度（0.162）
		互联网金融服务深度（0.101）
	广度（0.532）	银行业金融机构数/万平方千米（0.133）
		银行业从业人员数/万平方千米（0.185）
		年末上市公司数/万平方千米（0.268）
		保险公司机构数/万平方千米（0.191）
		小额贷款服务广度（0.149）
		互联网金融服务广度（0.074）
	效度（0.193）	贷款余额/地区生产总值（0.143）
		储蓄余额/地区生产总值（0.088）
		股票市值/地区生产总值（0.447）
		保费收入/地区生产总值（0.087）
		小额贷款服务效度（0.155）
		互联网金融服务效度（0.080）

续表

目标	维度指标（权重）	测度指标（权重）
包容性金融发展水平	稳定性（0.084）	不良贷款率（0.136）
		股票成交额/股票市值（0.247）
		保费支出/保费收入（0.126）
		小额贷款服务稳定（0.224）
		互联网金融服务技术稳定（0.268）

以此类推，计算出 2006~2018 年各维度指标和测度指标的权重，分别如表 2.10 和表 2.11 所示。表 2.10 为 2006~2018 年各测度指标权重，小贷公司试点开始得较晚，2010 年是官方公布的最早数据，因此，关于小额贷款服务的指标权重均从 2010 年开始计算，而互联网金融服务数据来源于北京大学数字金融研究中心发布的《北京大学数字普惠金融指数（2011—2018 年）》，相关指标权重从 2011 年开始计算。

表 2.10 2006~2018 年各测度指标权重

权重	2006 年	2008 年	2010 年	2011 年	2012 年	2013 年	2014 年	2015 年	2016 年	2017 年	2018 年
w_{11}	0.112	0.134	0.120	0.108	0.115	0.106	0.111	0.111	0.112	0.102	0.102
w_{12}	0.195	0.194	0.146	0.131	0.132	0.139	0.143	0.136	0.132	0.122	0.122
w_{13}	0.394	0.341	0.295	0.265	0.288	0.275	0.271	0.279	0.280	0.272	0.272
w_{14}	0.299	0.331	0.258	0.232	0.232	0.222	0.219	0.219	0.218	0.211	0.211
w_{15}			0.180	0.162	0.134	0.125	0.112	0.120	0.136	0.168	0.168
w_{16}				0.101	0.099	0.133	0.143	0.135	0.122	0.126	0.126
w_{21}	0.152	0.167	0.144	0.133	0.142	0.139	0.145	0.145	0.139	0.139	0.139
w_{22}	0.204	0.224	0.200	0.185	0.193	0.208	0.206	0.189	0.182	0.179	0.179
w_{23}	0.390	0.366	0.290	0.268	0.277	0.273	0.266	0.275	0.263	0.263	0.263
w_{24}	0.254	0.243	0.206	0.191	0.195	0.192	0.190	0.197	0.228	0.225	0.225
w_{25}			0.161	0.149	0.138	0.134	0.136	0.142	0.132	0.135	0.135
w_{26}				0.074	0.055	0.054	0.057	0.052	0.057	0.059	0.059
w_{31}	0.273	0.270	0.156	0.143	0.137	0.138	0.126	0.129	0.139	0.145	0.145
w_{32}	0.163	0.156	0.096	0.088	0.093	0.101	0.096	0.091	0.104	0.093	0.093
w_{33}	0.437	0.443	0.486	0.447	0.453	0.432	0.449	0.374	0.330	0.322	0.322
w_{34}	0.127	0.131	0.095	0.087	0.103	0.101	0.097	0.098	0.114	0.097	0.097
w_{35}				0.168	0.155	0.109	0.115	0.138	0.161	0.201	0.253	0.253

续表

权重	2006年	2008年	2010年	2011年	2012年	2013年	2014年	2015年	2016年	2017年	2018年
w_{36}				0.080	0.105	0.113	0.093	0.147	0.112	0.090	0.090
w_{41}	0.469	0.447	0.174	0.136	0.086	0.087	0.001	0.119	0.157	0.153	0.143
w_{42}			0.333	0.247	0.166	0.171	0.256	0.250	0.234	0.299	0.370
w_{43}	0.531	0.553	0.116	0.126	0.102	0.103	0.004	0.168	0.140	0.099	0.085
w_{44}			0.378	0.224	0.147	0.084	0.088	0.198	0.231	0.242	0.199
w_{45}				0.268	0.499	0.555	0.651	0.266	0.237	0.207	0.203

表 2.11　2006~2018 年各维度指标权重

权重	2006年	2008年	2010年	2011年	2012年	2013年	2014年	2015年	2016年	2017年	2018年
w_1	0.181	0.201	0.183	0.191	0.186	0.191	0.202	0.205	0.203	0.203	0.205
w_2	0.534	0.546	0.526	0.532	0.520	0.521	0.548	0.554	0.573	0.556	0.561
w_3	0.205	0.181	0.202	0.193	0.188	0.178	0.184	0.165	0.147	0.142	0.143
w_4	0.079	0.072	0.088	0.084	0.107	0.111	0.066	0.076	0.077	0.098	0.091

从各维度指标权重值看，金融服务广度指标权重（w_2）占比一直较高，约 55%，并基本呈小幅度上升趋势。金融服务深度指标权重（w_1）占比约 20%，并基本呈上升趋势。这两个指标的上升也体现了包容性金融发展的"广覆盖、扩服务"的基本理念。金融服务效度指标权重（w_3）占比逐渐下降。金融服务稳定性指标权重（w_4）则出现先上升后下降又上升的趋势。综合来看，随着金融体系的完善，以及监管体系的健全，金融服务广度和深度对包容性金融发展的影响力逐渐增大。

这里需要注意的是，2011 年之前与之后各年测度指标的构成区别。首先，关于小额贷款金融服务的测度指标。我国小贷公司试点工作从 2008 年开始（2008 年 11 月，中国银行业监督管理委员会和中国人民银行联合发布了《关于小额贷款公司试点的指导意见》〔银监发（2008）23 号〕；2009 年 8 月，《中国人民银行关于建立贷款公司和小额贷款公司金融统计制度的通知》〔银发（2009）268 号〕发布），因此，这一指标在 2010 年开始进入指标体系中对包容性金融发展进行测度。

其次，关于互联网金融服务的测度指标。根据我国普惠金融的发展历程，从 2011 年开始普惠金融进入创新发展阶段[①]，以余额宝等为代表的数字金融产品完

---

① 焦瑾璞等（2015）将中国普惠金融发展划分为四个阶段：公益性小额信贷（20 世纪 90 年代）、发展性微型金融（2000~2005 年）、综合性普惠金融（2006~2010 年）和创新性互联网金融（2011 年至今）。

善了传统金融机构的服务边界,如移动支付、众筹等,互联网金融服务对弱势群体、小微企业的包容效应极大地发挥出来。据此,互联网金融服务测度指标从2011年开始进入包容性金融发展指标体系中。同时,考虑到互联网金融服务稳定性由业务稳定和技术稳定两方面构成,为保持数据的一致性,股票稳定性(股票交易额/股票市值)指标从2011年开始进入指标体系。

2.3.3 综合指数计算

将上述计算的各指标数值、权重值代入式(2.5)和式(2.6),计算2006~2018年我国31个省(区、市)的包容性金融发展指数,计算结果如表2.12所示。

表2.12 2006~2018年我国31个省(区、市)的包容性金融发展指数

地区	2006年	2007年	2008年	2009年	2010年	2011年	2012年	2013年	2014年	2015年	2016年	2017年	2018年
北京	0.491	0.461	0.480	0.544	0.460	0.498	0.491	0.488	0.510	0.516	0.440	0.436	0.435
天津	0.331	0.344	0.329	0.311	0.304	0.335	0.345	0.345	0.351	0.359	0.300	0.286	0.285
河北	0.070	0.067	0.064	0.068	0.066	0.079	0.086	0.085	0.074	0.073	0.064	0.065	0.064
山西	0.095	0.068	0.074	0.083	0.083	0.100	0.101	0.099	0.088	0.091	0.083	0.079	0.079
内蒙古	0.038	0.044	0.034	0.040	0.064	0.077	0.075	0.072	0.066	0.068	0.061	0.059	0.059
辽宁	0.097	0.099	0.100	0.088	0.097	0.125	0.122	0.122	0.122	0.125	0.115	0.108	0.106
吉林	0.071	0.065	0.067	0.062	0.053	0.068	0.074	0.070	0.069	0.076	0.065	0.065	0.065
黑龙江	0.048	0.038	0.042	0.048	0.043	0.061	0.063	0.061	0.056	0.060	0.051	0.049	0.048
上海	0.827	0.880	0.861	0.685	0.736	0.739	0.733	0.753	0.772	0.783	0.817	0.804	0.805
江苏	0.125	0.128	0.132	0.121	0.178	0.210	0.201	0.188	0.184	0.186	0.171	0.177	0.176
浙江	0.145	0.145	0.147	0.149	0.177	0.223	0.209	0.205	0.203	0.200	0.185	0.187	0.186
安徽	0.072	0.064	0.067	0.070	0.083	0.093	0.099	0.092	0.092	0.090	0.084	0.084	0.084
福建	0.084	0.079	0.086	0.085	0.080	0.120	0.115	0.117	0.112	0.113	0.103	0.104	0.103
江西	0.063	0.052	0.056	0.052	0.057	0.075	0.074	0.073	0.068	0.068	0.061	0.061	0.060
山东	0.098	0.091	0.080	0.084	0.087	0.107	0.110	0.107	0.103	0.103	0.098	0.096	0.096
河南	0.071	0.066	0.065	0.060	0.064	0.075	0.081	0.082	0.074	0.075	0.073	0.078	0.077
湖北	0.068	0.062	0.061	0.062	0.057	0.078	0.080	0.082	0.084	0.082	0.077	0.078	0.077
湖南	0.058	0.054	0.051	0.053	0.044	0.056	0.068	0.068	0.052	0.054	0.048	0.050	0.049
广东	0.136	0.122	0.119	0.120	0.114	0.156	0.153	0.149	0.147	0.153	0.138	0.142	0.141
广西	0.041	0.034	0.032	0.037	0.037	0.053	0.059	0.062	0.056	0.059	0.058	0.056	0.054

续表

地区	2006年	2007年	2008年	2009年	2010年	2011年	2012年	2013年	2014年	2015年	2016年	2017年	2018年
海南	0.111	0.099	0.095	0.091	0.085	0.108	0.113	0.112	0.106	0.116	0.099	0.103	0.102
重庆	0.100	0.080	0.082	0.085	0.104	0.125	0.131	0.136	0.139	0.132	0.126	0.140	0.138
四川	0.063	0.054	0.054	0.059	0.057	0.077	0.082	0.083	0.077	0.077	0.068	0.065	0.064
贵州	0.061	0.041	0.041	0.043	0.044	0.045	0.053	0.047	0.048	0.048	0.042	0.043	0.045
云南	0.052	0.039	0.036	0.045	0.041	0.046	0.050	0.053	0.046	0.045	0.036	0.032	0.032
西藏	0.042	0.041	0.045	0.038	0.040	0.039	0.049	0.049	0.048	0.049	0.051	0.056	0.055
陕西	0.067	0.058	0.062	0.065	0.065	0.089	0.086	0.082	0.079	0.081	0.074	0.073	0.072
甘肃	0.050	0.044	0.049	0.053	0.043	0.048	0.060	0.060	0.061	0.062	0.053	0.050	0.049
青海	0.051	0.057	0.072	0.062	0.045	0.050	0.055	0.054	0.056	0.062	0.050	0.046	0.046
宁夏	0.082	0.077	0.077	0.079	0.087	0.104	0.097	0.097	0.093	0.108	0.083	0.081	0.081
新疆	0.044	0.041	0.039	0.047	0.043	0.051	0.059	0.065	0.056	0.058	0.046	0.045	0.044

根据表 2.12，我国大部分地区的包容性金融发展水平较低，仅上海的包容性金融发展水平属于较高水平，平均为 0.784，并总体呈上升趋势。北京的包容性金融发展指数平均为 0.481，位居第 2。天津位居第 3，包容性金融发展指数平均为 0.325，处于中等水平。位居第 4、第 5、第 6 的浙江、江苏、广东的包容性金融发展指数平均为 0.182、0.167 和 0.138，处于较低水平。此外，除重庆（平均 0.117）、福建（平均 0.100）、辽宁（平均 0.110）外，其他地区包容性金融发展指数较小。但西藏、新疆、广西和内蒙古地区的包容性金融发展水平提升较快。包容性金融发展水平与地区经济发展程度密不可分，尤其上海地区有着优越的金融环境、先进的技术等，使得其能够依托金融中心的优势，提供全国领先的金融服务。

2.4 中国包容性金融发展的时空演变特征

2.4.1 包容性金融发展的时间演变特征

1. 核密度分析

核密度估计（kernel density estimation）属于非参数检验方法，它从数据样本本身出发研究数据分布特征，可用来估计未知的密度函数。与其他方法相比，它的主要优点在于不需要利用有关数据分布的先验知识,也不对数据分布附加任何假定条件,能够很好地兼顾不同位置聚集强度的差异及空间的连续性。近年来,其常被用于金融、经济领域的地区不平衡问题的研究,如孙建伟等(2017)、刘俊峰等(2019)。核密度估计的数学表达式如式(2.7)所示。

$$f(x) = \frac{1}{Nh} \sum_{i=1}^{N} K\left(\frac{X_i - x}{h}\right) \quad (2.7)$$

其中,$f(x)$为位置x处的密度估计值;h为带宽或平滑参数,带宽越大,估计的密度函数曲线越光滑;K为核函数;N为观测样本数;X_i为独立同分布的观测值。

这里选取2006年、2011年、2018年3个代表性年份,绘制中国包容性金融发展分布核密度曲线,如图2.3所示。从图2.3中可以看出,核密度曲线有明显的拖尾特征,各年跨度较大,说明包容性金融发展水平差异较大,且状态稳定。为了更清晰地分析包容性金融发展的时间演变特征,将包容性金融发展水平明显高于其他地区的三个直辖市的数据去除后,重新绘制核密度曲线,如图2.4所示。

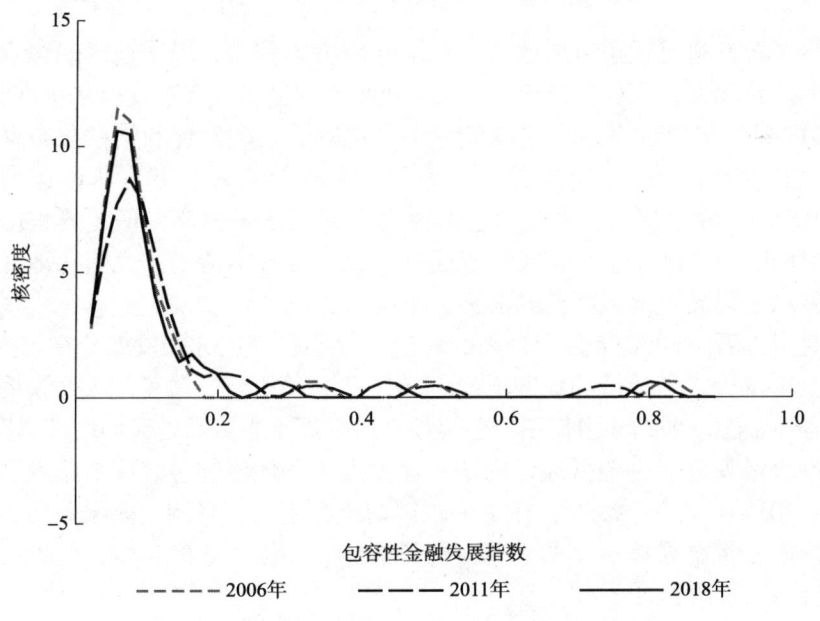

图2.3 中国包容性金融发展指数的核密度曲线

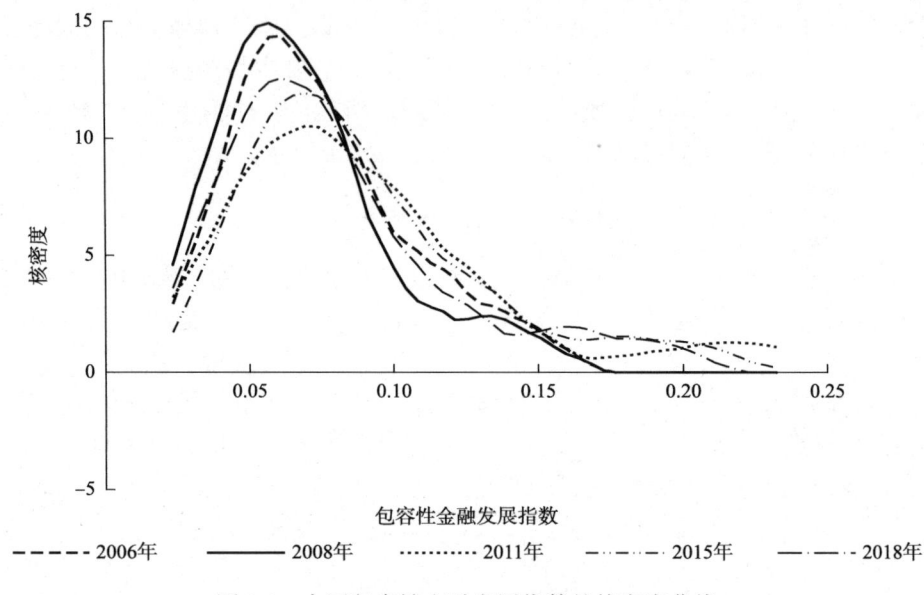

图 2.4 中国包容性金融发展指数的核密度曲线
不含北京、上海、天津三个直辖市的数据

整体来看，拖尾现象有所改善，但各年跨度均较大，说明地区间包容性金融发展水平差异较大，且状态稳定。2006~2008年，包容性金融发展水平变化较小；2008~2011年，包容性金融发展峰值减小，包容性金融发展的集中分布呈分散趋势变化，说明地区间包容性金融发展水平差异仍然存在，差异程度逐渐加大。2011~2015年，峰值提高，各地区包容性金融发展水平提高，但差异程度较大；2015~2018年，包容性金融发展峰值提高，集中度基本持平，说明各地区包容性金融发展水平提高，地区间差异明显。

从时点上看，2008年具有较高的峰值，说明包容性金融发展分布较为集中，包容性金融发展水平较低的地区增加。2011年峰值下降，跨度加大，说明金融危机对包容性金融发展的冲击作用，包容性金融发展水平较高地区的增长速度较快，而包容性金融发展水平较低地区的增长速度减缓，地区间包容性金融发展水平差异扩大。2018年的曲线表明，在中央政策的影响下，互联网金融服务与传统金融服务构成的普惠金融体系不断实现对弱势群体、小微企业的包容，各地区包容性金融发展水平差异减小。

2. 分位数分析

为进一步了解我国包容性金融发展的时间演变特征，本章比较2006年、2008

年、2011 年、2015 年和 2018 年 5 个横截面数据的分位数①，如表 2.13 所示。

表 2.13 中国包容性金融发展指数统计特征

年份	总值	平均值	标准差	25 分位数	50 分位数	75 分位数	最小值	最大值
2006 年	3.752	0.121	0.159	0.052	0.071	0.100	0.038	0.827
2008 年	3.600	0.116	0.165	0.049	0.067	0.095	0.032	0.861
2011 年	4.107	0.132	0.147	0.056	0.079	0.125	0.039	0.739
2015 年	4.171	0.135	0.154	0.062	0.081	0.125	0.045	0.783
2018 年	3.778	0.122	0.151	0.054	0.077	0.106	0.032	0.805

从包容性金融发展指数的总值和平均值看，包容性金融发展总体水平呈上升趋势，但 2018 年略有下降；包容性金融发展指数的平均值在 0.125 左右，说明整体而言包容性金融发展水平偏低。从最大值和最小值看，包容性金融发展区间范围由最小值（0.032）到最大值（0.861），差异 25.9 倍左右，说明包容性金融发展地区间差异明显。从标准差看，虽然中间有波动，但整体呈缩小趋势，说明地区间包容性金融发展差异在减小。从分位数看，各值更偏向于最小值，也说明各地区包容性金融发展差异显著，且整体水平偏低。同时，分位数呈现先上升再下降的趋势，但波动不大，整体呈上升趋势，说明包容性金融发展水平稳定上升。

2.4.2 包容性金融发展的空间演变特征

1. 发展水平分组分析

鉴于我国包容性金融发展整体水平较低，除北京、上海、天津的包容性金融发展指数在 0.3 以上，其余地区的包容性金融发展水平较低。由此，为了更好地分析其发展水平，这里将 2006 年、2008 年、2011 年、2015 年、2018 年共 5 年的截面数据按发展水平分组进行离散分析。划分标准如下：先根据表 2.1 的评价语集，将包容性金融发展指数在 0.3 以上的省（区、市）划入高水平组，然后将其余省（区、市）进行组内分组，分别为中高水平组（0.1≤IFI<0.3）、中低水平组（0.06≤IFI<0.1）和低水平组（0≤IFI<0.06）。为进一步明晰包容性金融发展的空间演变特征，将 5 年的截面数据分组后的数量分布画图展示，如图 2.5 所示。

---

① 分位数分类也是常用于空间差异分析的方法之一。参见李国正和艾小青（2017）。

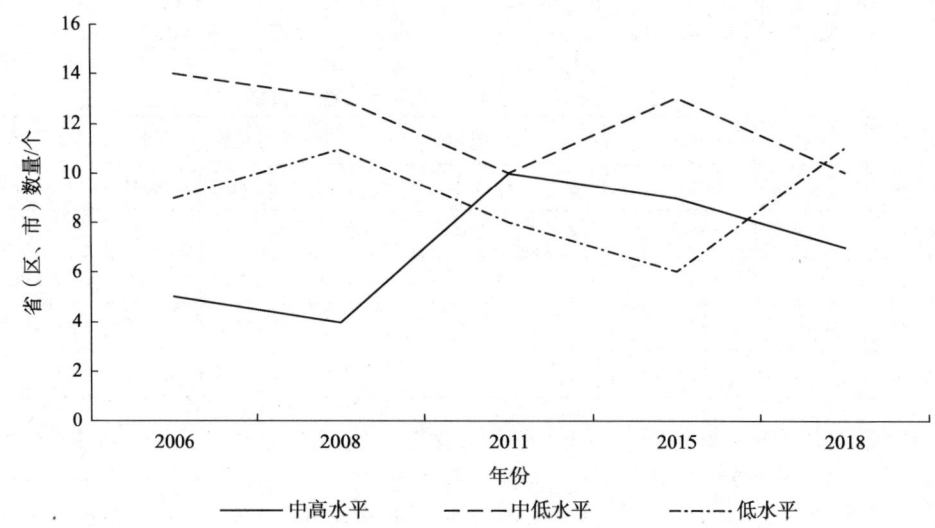

图 2.5 中国包容性金融相对发展情况
不包括北京、上海和天津的数据

从图 2.5 中可以看出,由于 2008 年金融危机和 2013 年"发展普惠金融"政策①的影响,包容性金融发展的各水平组的曲线出现了转折变化。中高水平组的曲线呈倒 N 形变化,受金融危机影响,包容性金融发展水平提高,这符合包容性金融发展分散风险的特点。中低水平组包含的省(区、市)数量最多,曲线呈倒 M 形变化,表明在金融危机的影响下,中低水平组的包容性金融发展水平迅速下降,但在 2011 年数字普惠金融的影响下,逐步上升,但增速出现波动。低水平组曲线呈 N 形变化,在金融危机的影响下,低水平组的省(区、市)金融风险增强,包容性金融发展水平下降,但在国家普惠金融发展政策的影响下,包容性金融发展水平提高。

不同水平组的曲线变化与地区经济发展水平相关联。以低水平组的省(区、市)为例,这些省(区、市)主要分布在我国西部地区,人均地区生产总值较低,弱势群体和小微企业风险承担能力较弱,因此,在金融危机冲击下,包容性金融服务的需求有所下降。然而,随着我国普惠金融发展政策及精准扶贫政策的实施,西部地区的包容性金融发展增长迅速,由此,在 2015 年展现出政策效果,包容性金融发展水平提升。

2. 动态度分析

动态度用以测度某个样本数量的变化情况,从而分析时间变化特征(王秀兰

---

① 党的十八届三中全会审议并通过的《中共中央关于全面深化改革若干重大问题的决定》首次提出"发展普惠金融"。在一定程度上,2015 年的指数可以反映这一政策的影响。

和包玉海，1999），近年来逐步应用于经济和金融领域的分析，如海洋生产总值（王泽宇等，2017）和金融抑制水平（刘峻峰等，2019）的分析。为测度包容性金融发展总值变化大小和速度，本章借鉴这一做法，计算动态度用以测度包容性金融发展指数变化的速度。

包容性金融发展指数动态度是一定时间范围内地区样本包容性金融发展指数变化情况，计算方法如式（2.8）所示。

$$K = \frac{U_{tb} - U_{ta}}{U_{ta}} \times \frac{1}{T} \quad (2.8)$$

其中，K 为研究时间范围内包容性金融发展指数动态度；U 为地区包容性金融发展指数；ta 和 tb 分别为时间范围的起点和结束点；T 为时段长度，T 为年时，则 K 值为包容性金融发展指数的年变化率。动态度数值越大，说明变化的速度越大。

根据式（2.8）分别计算 2006~2008 年、2006~2011 年、2006~2015 年、2006~2018 年我国 31 个省（区、市）包容性金融发展指数动态度，如表 2.14 所示。

表 2.14 我国 31 个省（区、市）包容性金融发展指数动态度

地区	2006~2008 年	2006~2011 年	2006~2015 年	2006~2018 年
北京	−0.737%	0.245%	0.507%	−0.882%
天津	−0.181%	0.221%	0.840%	−1.057%
河北	−2.817%	2.035%	0.370%	−0.625%
山西	−7.497%	0.964%	−0.444%	−1.314%
内蒙古	−3.279%	17.440%	7.860%	4.359%
辽宁	0.960%	4.686%	2.817%	0.676%
吉林	−2.071%	−0.800%	0.683%	−0.667%
黑龙江	−4.436%	4.256%	2.498%	−0.093%
上海	1.363%	−1.770%	−0.528%	−0.204%
江苏	1.841%	11.450%	4.879%	3.132%
浙江	0.605%	9.033%	3.837%	2.184%
安徽	−2.363%	4.757%	2.387%	1.205%
福建	0.992%	7.292%	3.524%	1.798%
江西	−3.887%	1.223%	0.663%	−0.438%
山东	−6.073%	1.499%	0.450%	−0.203%
河南	−2.675%	0.855%	0.591%	0.687%
湖北	−3.670%	2.455%	2.094%	1.073%

续表

地区	2006~2008 年	2006~2011 年	2006~2015 年	2006~2018 年
湖南	-4.112%	-0.510%	-0.690%	-1.258%
广东	-4.319%	2.446%	1.240%	0.276%
广西	-6.842%	4.744%	4.389%	2.429%
海南	-4.857%	-0.540%	0.424%	-0.652%
重庆	-6.030%	4.132%	3.195%	2.873%
四川	-4.597%	3.962%	2.285%	0.203%
贵州	-11.000%	-4.290%	-2.167%	-2.050%
云南	-10.250%	-1.780%	-1.282%	-2.896%
西藏	1.7177%	-1.140%	1.593%	2.355%
陕西	-2.218%	5.575%	2.116%	0.664%
甘肃	-0.131%	-0.380%	2.615%	-0.020%
青海	13.696%	-0.070%	2.181%	-0.668%
宁夏	-1.686%	4.614%	3.212%	-0.058%
新疆	-3.796%	2.702%	3.076%	0.031%

从表 2.14 可以分析 2008 年、2011 年、2015 年和 2018 年各地区的动态度。2006~2008 年时间段内，青海的动态度最大，为 13.696%，而贵州的动态度最小，为-11.000%，变化方向上，浙江、辽宁、福建、上海、西藏、江苏、青海的变化方向为正向，其余省（区、市）变化方向为负向，说明除这 7 个地区外，其余省（区、市）在金融危机冲击下，包容性金融发展水平上升，而其他地区包容性金融发展水平下降。

2006~2011 年时间段内，内蒙古的动态度最大，为 17.440%，贵州的动态度最小，为-4.290%，说明内蒙古和贵州的包容性金融发展水平变化幅度最大；在变化方向上，贵州、云南、上海、西藏、吉林、海南、湖南和甘肃 8 个地区的包容性金融发展指数动态度为负值，其余地区动态度为正值，说明在经济调整过程中，大部分地区包容性金融发展水平上升，且变化速度提升。

2006~2015 年时间段内，内蒙古的动态度最大，为 7.86%，贵州的动态度最小，为-2.167%，说明在这一时间段内，两地的包容性金融发展水平变化仍是最大的；从变化方向上看，贵州、云南、湖南、上海和山西的动态度为负值，其余地区为正值，说明在国家普惠金融发展政策的影响下，包容性金融发展水平普遍上升，包容性金融发展水平下降的地区，其下降速度在减缓。

从 2006~2018 年时间段整体看，云南、贵州和山西 3 个地区包容性金融发展指数动态度为负值,且较小,说明这 3 个地区包容性金融发展水平有所下降,但下降速度减缓。内蒙古的动态度最大,为 4.359%,说明内蒙古地区包容性金融发展水平上升的速度最快。新疆、四川、广东、陕西、辽宁、河南、湖北、安徽、福建、浙江、西藏、广西、重庆、江苏和内蒙古的动态度均为正值,说明在国家普惠金融发展政策的支持下,50%地区的包容性金融发展水平在上升,但上升速度变缓。

3. 区域差异分析

1)相对变化率的对比

借鉴王秀兰和包玉海(1999)构建的区域差异模型,构建包容性金融发展指数的区域差异分析模型,如式(2.9)所示。

$$R = \frac{C_b/C_a}{T_b/T_a} \quad (2.9)$$

其中,R 表示相对变化率;C_a、C_b 分别代表某地区期初与期末包容性金融发展指数;T_a、T_b 分别表示期初和期末所有地区包容性金融发展指数之和。当 $R>1$ 时,说明该地区包容性金融发展变化较大。

根据式(2.9)分别计算 2006~2008 年、2006~2011 年、2006~2015 年、2006~2018 年我国 31 个省(区、市)的区域差异,计算结果如表 2.15 所示。2006~2008 年,包容性金融发展指数变化最大的地区是青海和江苏,相对变化率分别为 1.471 和 1.100;变化最小的地区是贵州和云南,分别为 0.698 和 0.722。2006~2011 年,包容性金融发展指数变化最大的地区是内蒙古和江苏,相对变化率分别为 1.870 和 1.541;变化最小的地区是贵州和云南,分别为 0.678 和 0.816。2006~2015 年,包容性金融发展指数变化最大的地区是内蒙古和江苏,相对变化率分别为 1.607 和 1.339;变化最小的地区是贵州和云南,分别为 0.705 和 0.784。2006~2018 年,包容性金融发展指数变化最大的地区是内蒙古和江苏,相对变化率分别为 1.556 和 1.398;变化最小的地区是贵州和云南,分别为 0.729 和 0.619。不同时间段的地区变化差异说明金融危机和国家实施普惠金融政策后,不同地区包容性金融发展水平上升或下降程度的差异。整体来看,基本表现出东部地区和北部地区的变化程度大于西部地区和南部地区的区域差异特点。

表 2.15 我国 31 个省(区、市)包容性金融发展指数的相对变化率

地区	2006~2008 年	2006~2011 年	2006~2015 年	2006~2018 年
北京	1.019%	0.927%	0.945%	0.879%
天津	1.037%	0.926%	0.975%	0.857%
河北	0.954%	1.025%	0.933%	0.912%

续表

地区	2006~2008年	2006~2011年	2006~2015年	2006~2018年
山西	0.808%	0.966%	0.860%	0.823%
内蒙古	0.940%	1.870%	1.607%	1.556%
辽宁	1.072%	1.171%	1.153%	1.080%
吉林	0.978%	0.870%	0.961%	0.907%
黑龙江	0.904%	1.147%	1.124%	0.981%
上海	1.085%	0.817%	0.852%	0.967%
江苏	1.100%	1.541%	1.339%	1.398%
浙江	1.061%	1.409%	1.245%	1.275%
安徽	0.968%	1.174%	1.114%	1.149%
福建	1.073%	1.313%	1.217%	1.225%
江西	0.921%	0.981%	0.959%	0.937%
山东	0.852%	0.996%	0.940%	0.967%
河南	0.959%	0.960%	0.953%	1.082%
湖北	0.928%	1.048%	1.088%	1.132%
湖南	0.914%	0.886%	0.838%	0.831%
广东	0.907%	1.048%	1.011%	1.029%
广西	0.828%	1.174%	1.295%	1.307%
海南	0.891%	0.884%	0.938%	0.909%
重庆	0.854%	1.140%	1.187%	1.364%
四川	0.899%	1.131%	1.105%	1.019%
贵州	0.698%	0.678%	0.705%	0.729%
云南	0.722%	0.816%	0.784%	0.619%
西藏	1.096%	0.851%	1.043%	1.297%
陕西	0.973%	1.219%	1.090%	1.079%
甘肃	1.038%	0.893%	1.135%	0.991%
青海	1.471%	0.910%	1.096%	0.907%
宁夏	0.990%	1.167%	1.189%	0.986%
新疆	0.924%	1.062%	1.176%	0.997%

2）区域分布演变

国家统计局将我国的经济区域划分为东部、中部、西部、东北四大地区[①]，为反映不同经济区域包容性金融发展的演变特点，这里计算 2006~2018 年包容性金融发展指数平均值，计算结果如下：东部地区为 0.245，中部地区为 0.072，西部地区为 0.062，东北地区为 0.076。

从包容性金融发展平均水平看，东部地区最高，中部地区和东北地区差异较小，西部地区最低，基本呈现了东部地区明显高于中部地区、西部地区和东北地区的特点。东部地区、中部地区和西部地区内的各省（区、市）基本呈现了北部地区高于南部地区的地理特点。东北地区三省中，辽宁的包容性金融发展水平高于吉林和黑龙江，呈现出南部地区高于北部地区的地理特点。但整体看，包容性金融发展水平北部地区高于南部地区。

进一步计算四大地区不同时间段的变化速度，如图 2.6 所示，从四大地区变化趋势与速度看，在 2008 年金融危机的冲击下，四大地区包容性金融发展水平下降，中部地区、西部地区下降较大，金融危机后，在国家政策的扶持下，四大地区包容性金融发展水平持续上升，西部地区和东北地区表现出相似的增长轨迹；中部地区整体上呈较稳定的上升趋势，但上升幅度较大。对比四大地区的变化，东部地区的包容性金融发展水平相对较高，上升速度缓慢；中部地区、西部地区和东北地区的包容性金融发展水平的上升速度较快。

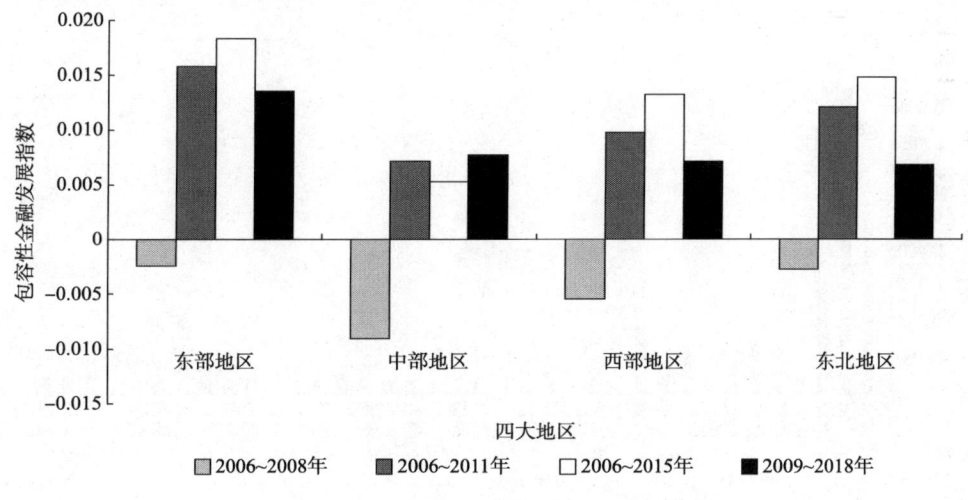

图 2.6　四大地区包容性金融发展指数变化

进一步分析 2006 年、2008 年、2011 年、2015 年和 2018 年 5 个时间点的地

---

① 划分方法参见：http://www.stats.gov.cn/ztjc/zthd/sjtjr/dejtjkfr/tjkp/201106/t20110613_71947.htm。

区差异变化,如图 2.7~图 2.11 所示。对比图 2.7~图 2.11 中四大地区和各省(区、市)的变化,再次清晰地表明了我国包容性金融发展的区域分布特点:东部地区高于西部地区和东北地区,西部地区和东北地区高于中部地区。从包容性金融发展水平的动态变化特征看,西部地区的发展态势要高于中部地区,宁夏和重庆尽管处于西部地区,但相比其他西部地区省(区)而言,包容性金融发展水平较高,且高于中部地区部分省。西藏、内蒙古的包容性金融发展水平上升速度较快。

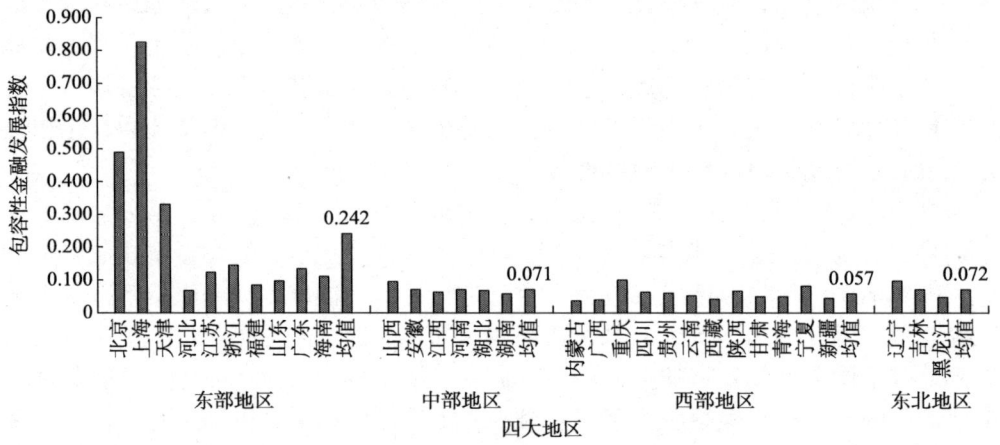

图 2.7　2006 年包容性金融发展指数的地区差异

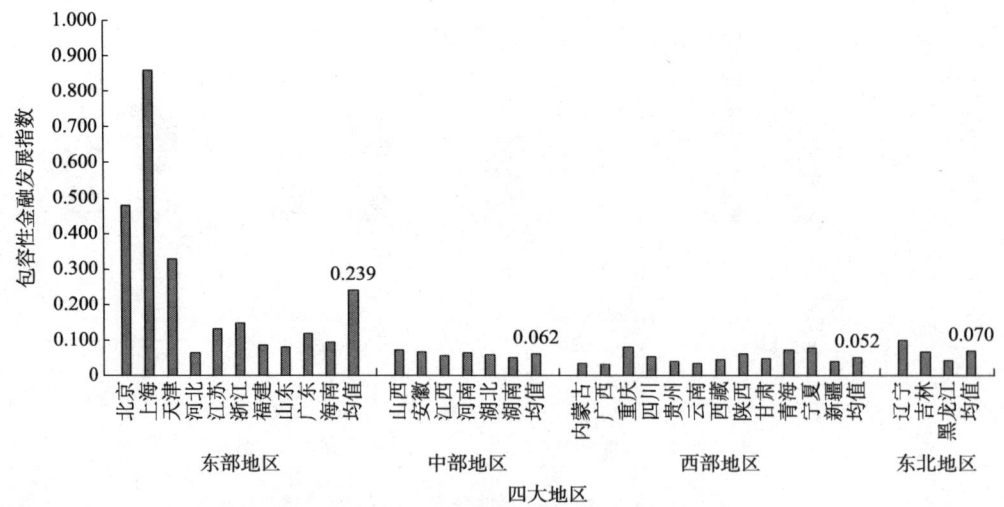

图 2.8　2008 年包容性金融发展指数的地区差异

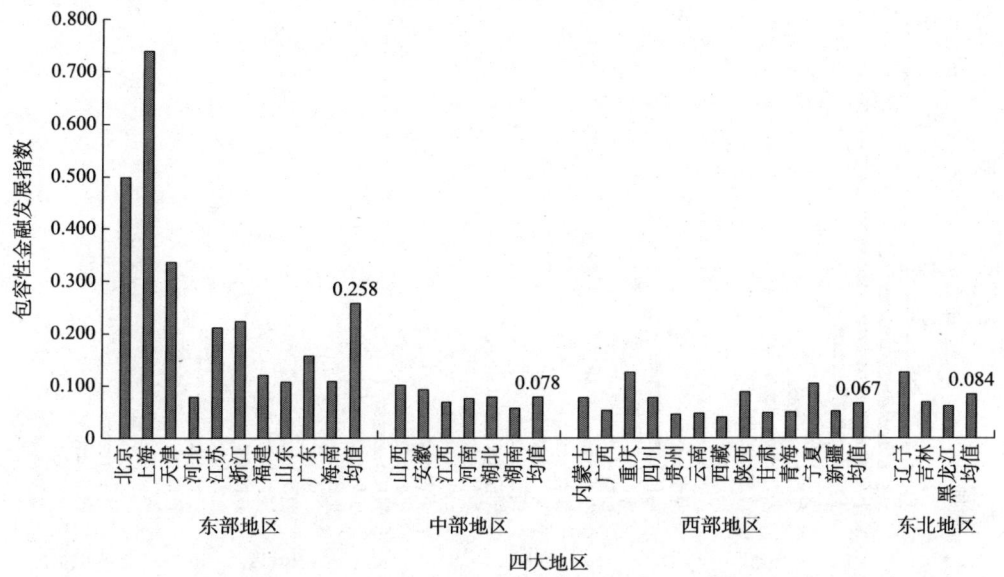

图 2.9　2011 年包容性金融发展指数的地区差异

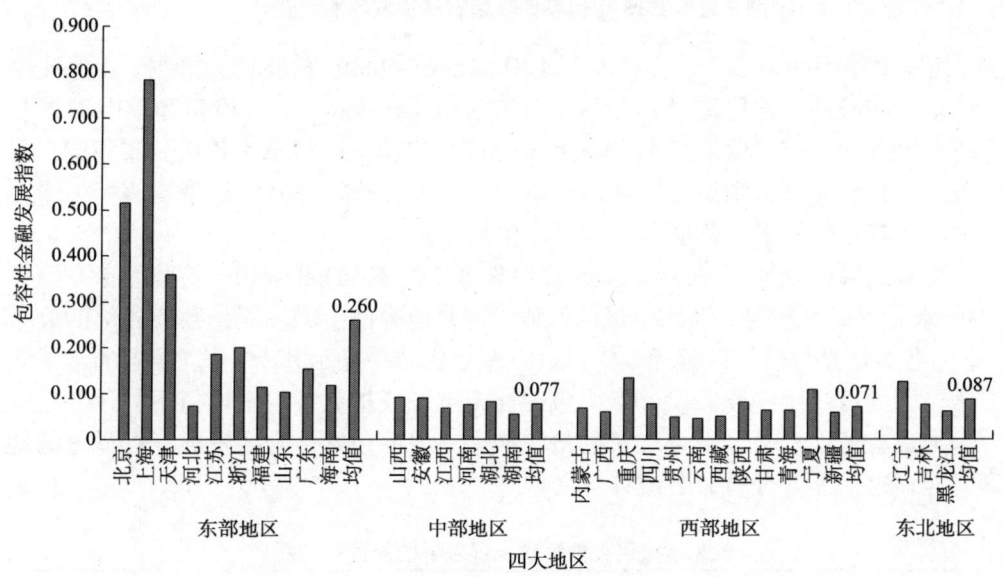

图 2.10　2015 年包容性金融发展指数的地区差异

上述分析基本描述了我国包容性金融发展指数的地区差异，但这一判断结果是否具有统计学意义，需要进一步判断。非参数检验方法和单因素方差分析是两种经常使用的方法。非参数检验方法又包括中位数检验、Kruskal-Wallis 检验等方

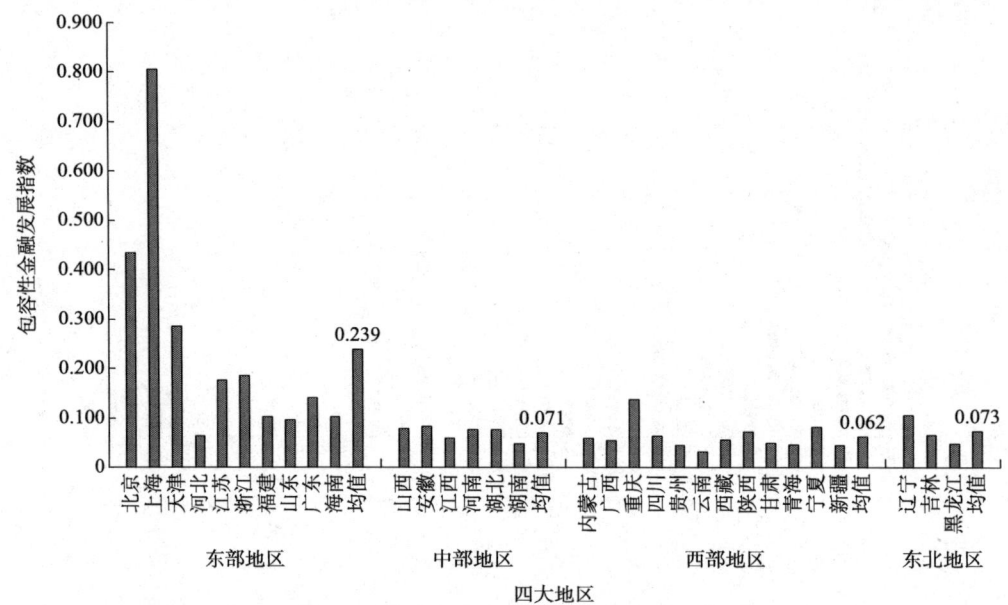

图 2.11 2018 年包容性金融发展指数的地区差异

法,而本章使用的是多个独立样本,使用 Kruskal-Wallis 检验较为恰当。为保证检验结果的准确性,这里选择非参数检验方法的 Kruskal-Wallis 检验和单因素方差分析两种方法进行检验。其中,Kruskal-Wallis 检验的原假设为各组分布相同,若检验的卡方值显著,则拒绝原假设。单因素方差分析方法将各组平均值相等作为原假设,若检验的卡方值显著,则可以拒绝原假设。

检验结果如表 2.16 所示,非参数检验方法的 Kruskal-Wallis 检验的卡方值在 1% 的水平下高度显著,因此拒绝原假设,说明包容性金融发展指数在各组的分布不同,各地区差异性判断显著。单因素方差分析结果显示其卡方值在 1% 的水平下显著,因此可以拒绝原假设,说明包容性金融发展指数各组平均值不同,并且这一差异具有统计意义。结合二者的检验结果,说明包容性金融发展存在显著的地区差异,这一差异分析有着统计意义。

表 2.16 包容性金融发展差异的显著性判断

检验方法	卡方检验值	P 值
Kruskal-Wallis 检验	361.346	0.000 1
单因素方差分析	687.72	0

2.4.3 包容性金融发展时空演变的原因

从上述分析可知，除北京、上海和天津三个直辖市外，我国包容性金融发展水平不高，且存在着显著的地区差异。从内部看，显著的地区差异源于金融服务供给构成。我国包容性金融发展实践源于传统的金融服务，如银行信贷、保险服务和小额信贷，随着我国资本市场的迅速发展，金融服务在包容性金融发展实践中发挥了重要作用，而互联网金融是基于大数据、云技术等逐步发展起来的，受限于互联网基础设施。因此，当前我国包容性金融发展体系逐步完善，但仍是传统金融服务占主体，金融创新服务占比较少。

首先，从各指标构成维度上看，权重占比越大的维度，对包容性金融发展水平的影响越大。根据表 2.11，金融服务的广度（f_2）所占权重最大，其后权重排序依次是金融服务的效度（f_3）、金融服务的深度（f_1）和金融服务的稳定性（f_4）。

其次，从权重占比最大的维度，即金融服务的广度（f_2），其 4 个构成指标所占权重看，以 2011 年为例，各指标权重分配为：银行业金融机构数/万平方千米（0.133）、银行业从业人员数/万平方千米（0.185）、年末上市公司数/万平方千米（0.268）、保险公司机构数/万平方千米（0.191）、小额贷款服务广度（0.149）、互联网金融服务广度（0.074）。其中，除互联网金融服务占比低于 10% 以外，传统金融服务的银行业和保险业占比较大，资本市场服务占比也较大，这在一定程度上说明我国的资本市场逐渐发展起来，并且基本形成了多元化的包容性金融发展体系。

进一步，图 2.12~图 2.15 给出了 2011 年、2015 年和 2018 年的包容性金融发展各维度的地区对比图，从中可以看出不同维度指标的地区差异。从图 2.12 可知，以金融服务深度度量的包容性金融发展差异，排在前面的依次是北京、上海、天津，而较为落后的地区是云南、贵州、河南，基本表现了东部地区高于中部地区和西部地区的特征。以金融服务广度度量的包容性金融发展差异，仍以上海、北京、天津、浙江、江苏等东部地区省（市）水平较高，而西部地区和中部地区大部分省（区、市）水平较低，如图 2.13 所示。以金融服务效度测度的包容性金融发展差异，基本以东部地区的省（市）水平较高，西部地区大部分省（区、市）要高于其他地区，如图 2.14 所示。从金融服务稳定性来看（图 2.15），福建、海南、浙江等东部地区的省（市）排序相对靠前，而西部地区大部分省（区、市）排序相对靠后。

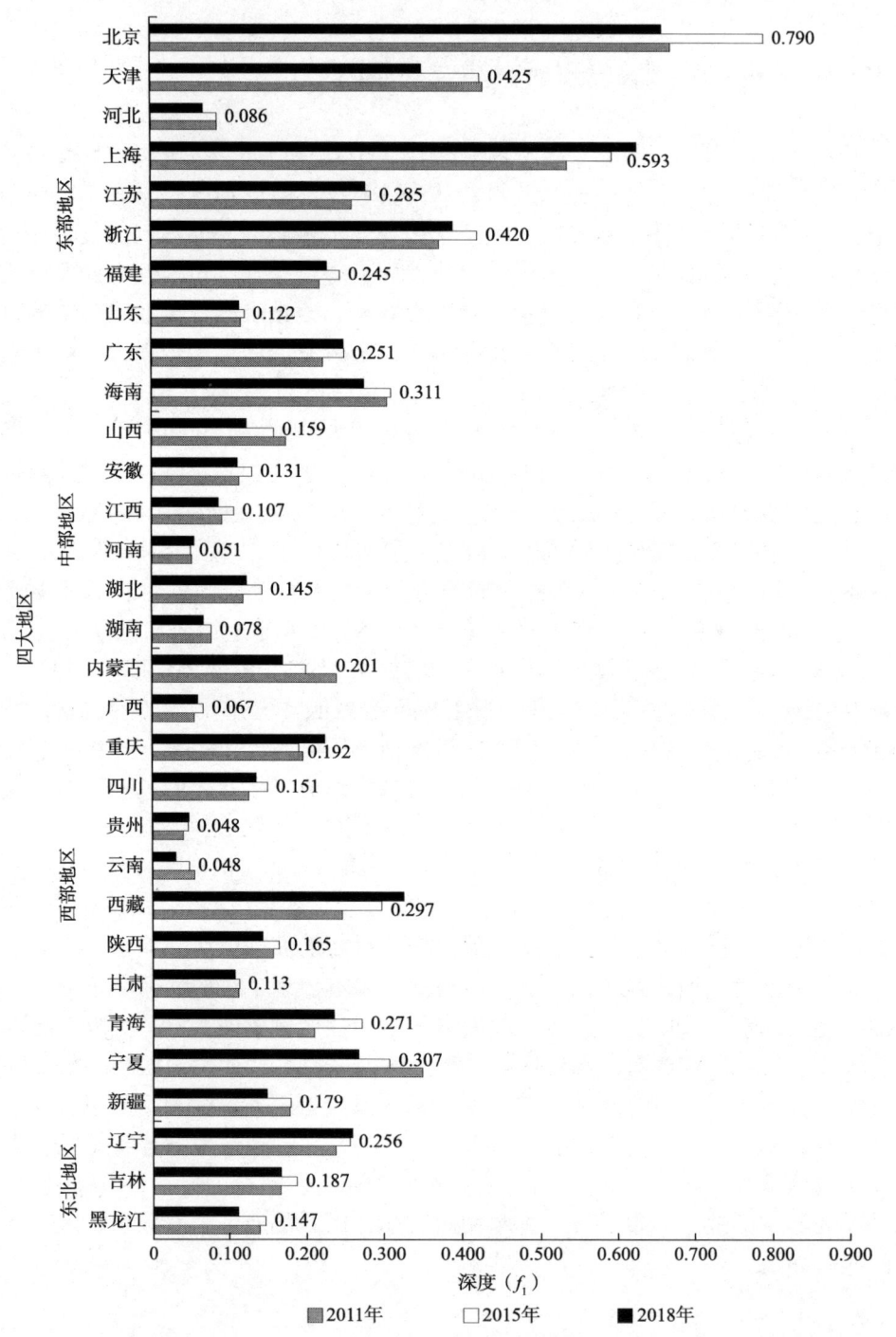

图 2.12 2011 年、2015 年、2018 年金融服务深度（f_1）的比较

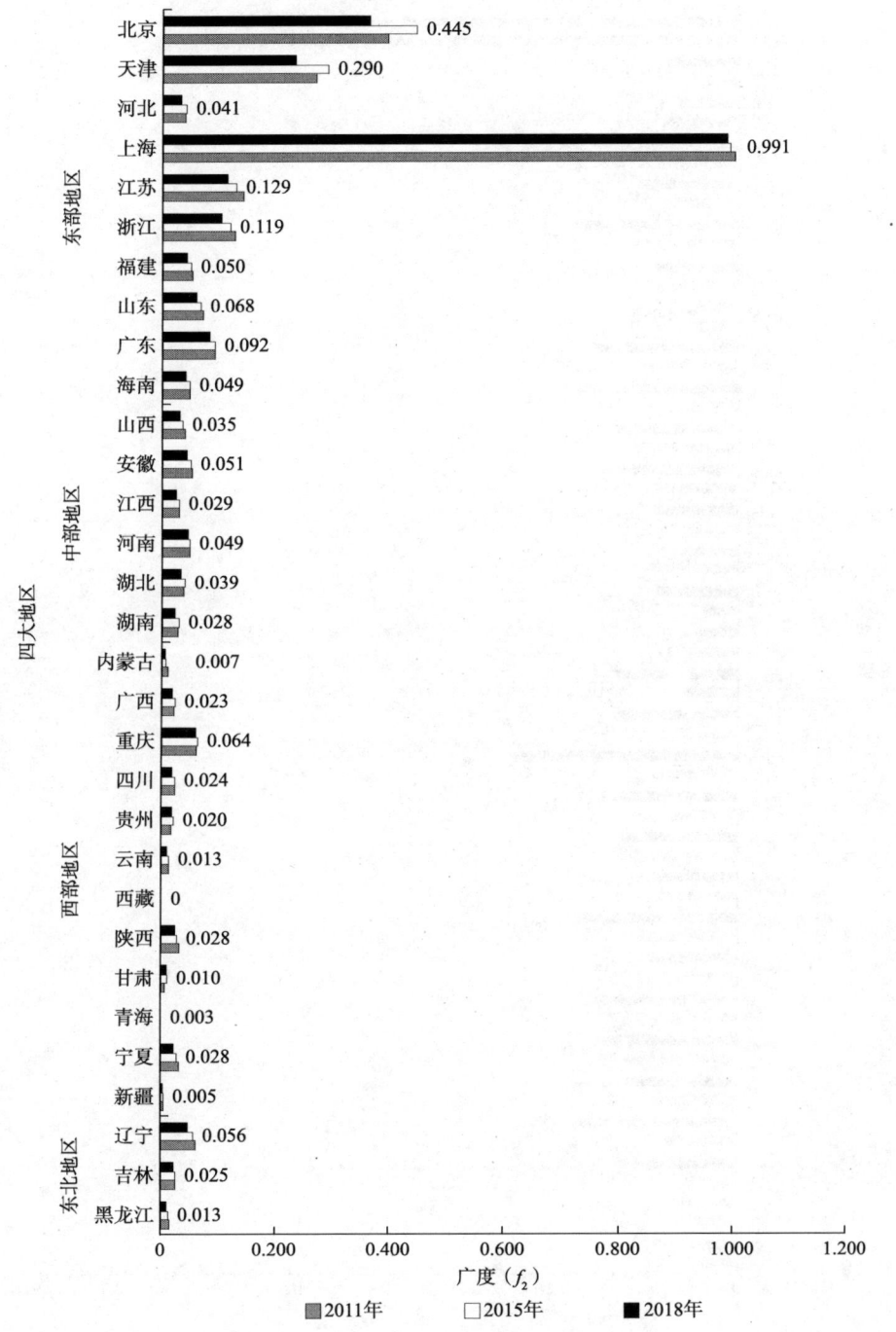

图 2.13 2011 年、2015 年、2018 年金融服务广度（f_2）的比较

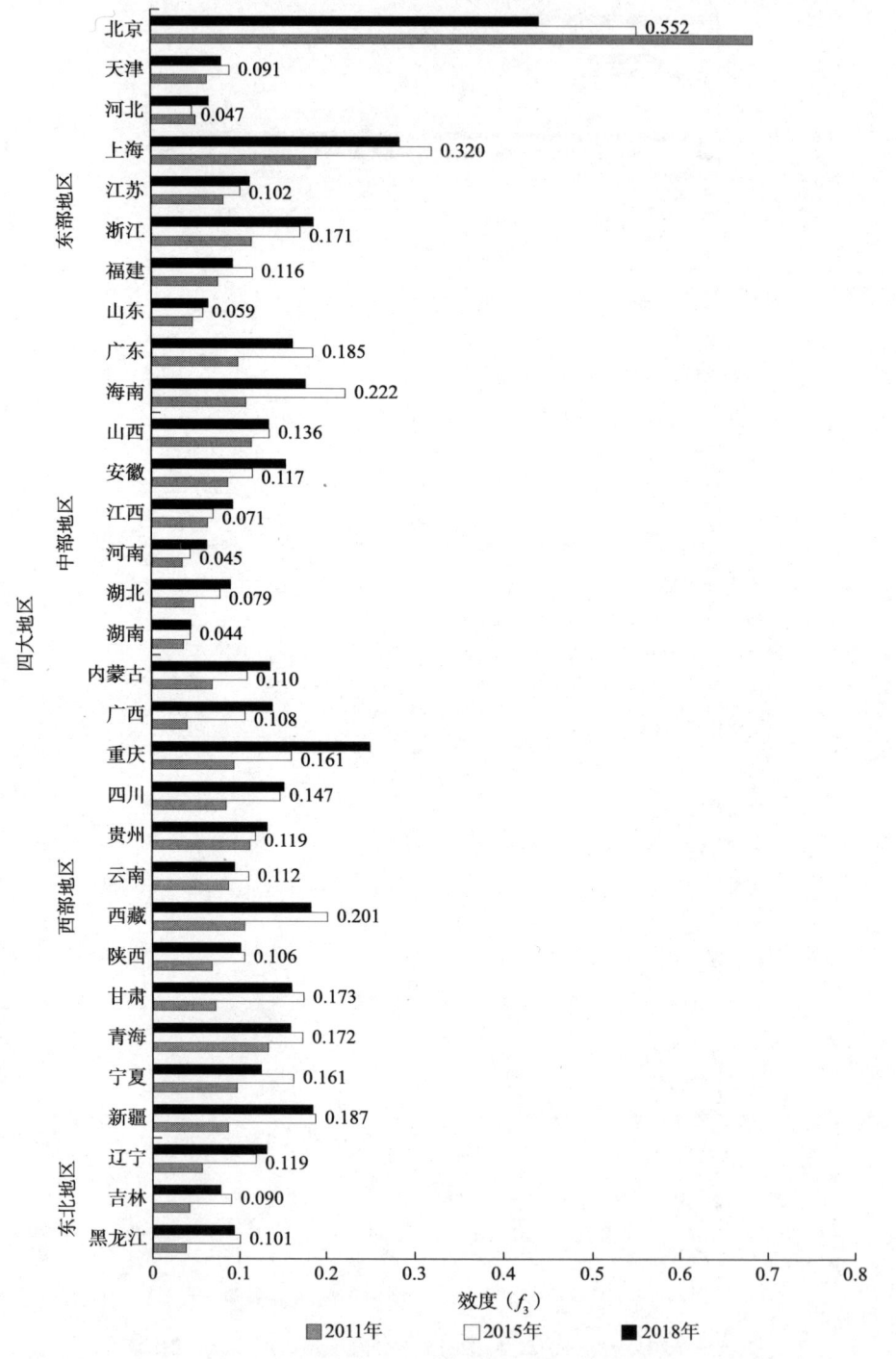

图 2.14 2011 年、2015 年、2018 年金融服务效度（f_3）的比较

第 2 章 包容性金融发展的测度：空间特征与数字特征

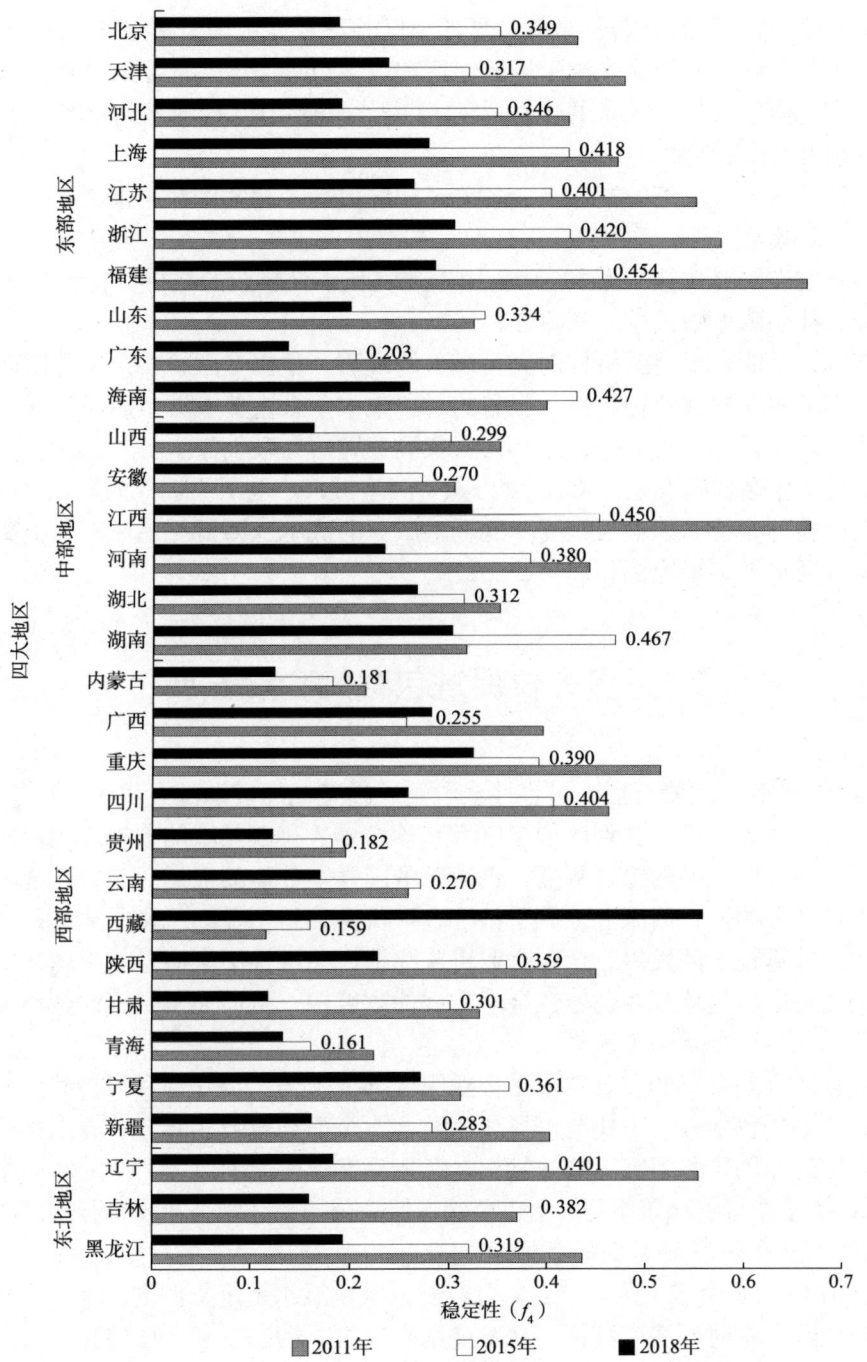

图 2.15 2011 年、2015 年、2018 年金融服务稳定性（f_4）的比较

从上述分析可知，包容性金融发展的地区差异主要源于金融服务广度的差异，而金融服务广度的差异又来源于地区银行和资本市场服务。而导致这些差异的原因，除了与金融服务需求者的受教育程度、对金融知识的掌握程度等有关外，还与地区制度[①]建设有关。

首先，在中央政策的指导下，各地区相继出台了相关的政策推进小额信贷发展、农村金融发展等，但在部分地区政策支持力度不足，如2013年山东用于金融基础设施建设的财政补贴为10万元，用于涉农和小微企业的扶持资金为119万元，而相关的补贴政策则很少（刘明等，2014）。

其次，可能在于金融机构对交易风险的规避，很多金融机构出于风险防范因素，出现了明显的去农化趋势，服务的对象集中于大企业或城市居民，而一些弱势群体，因缺乏必备的抵押品等，无法获得正规的金融服务。

最后，金融基础设施，如ATM网点、网络接口、电话终端等的影响，以及金融基础设施的完善，能够大幅度降低金融服务的成本、降低交易风险，提高包容性金融发展水平（崔艳娟和刘旸，2017）。

2.5　多方位促进包容性金融发展

自2003年G20峰会后，包容性金融发展因其提高资源配置效率、减贫增收、提高社会福利等作用，受到政策制定者和学术界、实践领域的重视。相关研究缺乏对包容性金融发展的综合测度，也缺乏中国样本数据的证据。包容性金融服务的对象是弱势群体，而服务来源于传统金融机构和新型金融机构，尤其是随着大数据和云计算技术的发展，金融企业也成为提供包容性金融服务的主体之一。这些新的变化应尽量体现在包容性金融发展的测度中，从而完善包容性金融发展体系，提高包容性金融服务水平。

包容性金融发展的重要特征是金融服务的广覆盖、可获性和可持续。根据该特征，并根据科学性、可比与可操作相结合、全面与重点相结合、力求精确、创新与发展的原则，参考已有的文献，本章从深度、广度、效度、稳定性4个维度共选取23个指标，涵盖银行、上市公司、保险公司、金融企业4个金融服务主体提供的金融服务，采用变异系数法构建包容性金融发展的评价体系，对我国2006~2018年31个省（区、市）的包容性金融发展水平进行测度。进一步从核密度和分位数分析时间演变特征，从发展水平分组、动态度和区域差异三个方面分析空间演变特征。结果表明，包容性金融发展总体水平呈上升趋势，但2018年略

---

① 本书第4章将详细阐述制度对包容性金融发展的作用。

有下降；包容性金融发展整体发展水平偏低。在地理特征上，基本表现出东部地区和北部地区的变化程度大于西部地区和南部地区的区域差异特点。这种差异可能与各地政策的实施、执行，基础设施完善等因素有关。本书第5章将专门讨论制度质量对包容性金融发展实现社会公平的影响。

综上，在促进包容性金融发展时，可以从以下几方面考虑。

第一，政府要摆正其与市场的关系，明确政府的服务职能，在行政服务等方面给予支持，落实已经实施的各项金融补贴、税收优惠政策，有步骤地开放金融市场，积极合理地引导和鼓励民间资本参与金融服务的提供，鼓励发展民营投资和担保公司等，补充金融服务提供机构，扩大服务范围，提高效度和稳定性；搭建宣传服务平台，扩大金融知识、涉农信贷、金融法律等的宣传途径，尤其提高弱势群体对金融机构借贷信息的了解和掌握，提高金融服务的效率，完善地区包容性金融发展，促进改革成果共享。

第二，健全公共财政体系支持包容性金融发展。包容性金融发展服务对象主要是弱势群体，其需求主要集中于投资（如新工具或教育和健康）、消费（如定期的小额采购）、生命周期（如出生、婚姻等）及突发事件应对（如疾病、意外事故等）的需求。因此，可以通过公共财政支持农村或偏远地区基础设施建设、改善生产和生活环境，通过生活补助和救助、教育支出及对生产合作组织政策支持等，完善农村或偏远地区社会保障体系，降低包容性金融服务成本，避免金融服务"越位"或"错位"财政支出。

第三，提高包容性金融发展支持的税收优惠与补贴力度。对相关地区的涉农金融产品的金融机构给予税收减免优惠，适当扩大税收优惠范围，通过试点的方式逐步取消优惠的期限。对于资金用于农村或偏远地区相关领域的金融机构，给予优惠税率或税收返还等激励。对于农村或偏远地区的投资性融资租赁视为固定资产投资，给予抵免的税收优惠。对于新成立的提供普惠金融服务的金融机构，按照级别给予税收优惠，如当金融机构开设下一级分支机构时，可以实施较低的营业税，并减免城建税等。此外，对于引入社会资本的金融机构，对其投资人所获投资收益部分给予一定的税收减免优惠，鼓励其注入新的资本。通过税收优惠激励金融机构提供普惠金融服务，提高金融服务的覆盖程度，推进普惠金融发展。

同时，扩大财政补贴的范围。对金融机构开设新分支机构给予财政补贴，用于购置或租赁、装修网点，采购办公设备，或对于金融机构新增ATM设备终端给予一定额度的补贴等，有利于促进金融机构扩大其金融服务的广度、深度和效度，促进普惠金融发展。针对涉农贷款（包括偏远地区的相关贷款）实施贴息政策，尤其要确定贴息对象、比例，严格控制操作程序，发挥贴息的财政效应。对于农村或偏远地区金融机构的工作人员，给予一定额度的工资补贴，吸引高素质金融人才加入，提高金融服务水平。

第四，推进完善政策性担保和保险体系建设。创新金融担保方式，专门为普惠金融服务对象，如设立有地方政府财政支持的信贷担保基金、"农产品行业协会+农户"等方式，提高金融机构为弱势群体服务的积极性，扩大弱势群体对金融服务的可获性。推进完善农村（与偏远）地区的保险体系建设，建立"政府+银行+农户"风险共担机制，"政策性保险+商业保险"的保险模式及存款保险制度等，还可以设立农业巨灾风险基金，推进实施农业再保险机制。通过完善担保与保险体系，提高普惠金融的广度、深度、效度和稳定性，从而促进普惠金融发展。

第五，建立健全资金回流农村机制和金融监管体系。通过补贴政策和税收优惠等财政杠杆引导资金回流农村，提升普惠金融发展深度。对于政策性金融业务，可以通过招标方式实现金融服务提供主体的多样化发展，从而提高普惠金融服务的效度。进一步，建立健全金融监管机制，提高普惠金融稳定性。虽然适度金融监管有利于普惠金融发展，但难以促进普惠金融方式的创新，因此，应将金融监管重点放在不良贷款的控制上，如对所得税成立专项资金，用于贷款损失拨备，同时可以通过财政注资和资产证券化方式处置不良贷款。此外，以政府为平台，实现跨产品、跨机构、跨市场的协调，加强对银行、证券、保险等混业经营、金融创新工作的监管。

第六，推进"互联网+"普惠金融服务产品的创新。除传统业务外，推动金融与互联网的融合，借助互联网技术，创新金融服务模式，将因地理位置限制等而难以获得金融服务的客户群体包容进来，提高普惠金融服务的广度。例如，中国农业银行开发的"惠农通"网络金融服务模式，很好地满足了农村地区的金融服务需求。阿里金融的小微信贷技术等极大地推动了个人信用体系的建设，降低了金融服务提供风险，提高了普惠金融服务的稳定性。对于类似的产品创新给予财政支持和鼓励，还可以将政府与社会资本结合，以 PPP（public-private-partnership，公私合营）模式推动普惠金融发展，以财政贴息和担保等方式支持普惠金融产品创新和发展，促进财政与普惠金融的良性互动，促进地区经济增长。

第3章 社会公平与社会公平度的分析

3.1 社会公平的界定

3.1.1 公平、公正与平等

公平在社会学、经济学、法学、心理学等方面都有着较多的论述，但侧重点不同，因此，在许多文献中，公平、公正（正义）、平等这些词语经常被不作区分地使用，这可能会对制度设计、社会经济政策制定产生一些误导（吴忠民，2003）。为避免概念界定不清的问题，这里借鉴已有的文献，对这些词语进行界定与对比，以便厘清社会公平的内涵。

"公平"是历史范畴的概念，《古代汉语字典》中，"公"，与私相背离，本义为公平分配，如《国风·豳风·七月》中"言私其豵，献豣于公"之句。另外，"公"有公平、公正、公道之意，《吕氏春秋·去私》中有"外举不避仇，内举不避子，祁黄羊可谓公矣"之句。《现代汉语词典》将其解释为"处理事情合情合理，不偏袒哪一方面"，即公平合理之意，侧重于不同个体间关系的判断。《辞海》给出了定义，"公平即指按照一定的社会标准（法律、道德、政策等）、正当的秩序合理的待人处事"。

与公平相类似的概念，有平等、公正、正义等。但这些词语也有差别，公正与正义均有不偏袒、不徇私之意。公正是"公平正直，没有偏私"，包括"自由、公平（平等）、效率、体谅和帮助弱者、国家调节等"规则（董建萍，2010）。正义是"公正的、有利于人民的道理"，关注的是宏观社会制度的合理性，《荀子·正名》中有"正利而为谓之事，正义而为谓之行"之语。从语义看，正义高于公平。平等强调的是"地位相等"，是"在社会、政治、经济、法律等方面享有相等待遇"，属于政治学范畴。清代纪晓岚的《阅微草堂笔记卷七·如是我闻（一）》有"以佛法论，广大慈悲，万物平等"之句，这里的"平等"是没有差别、相等之意。

英文中与公平、公正、平等相关的词语有"fairness""justice""impartiality"

"equality"。同样，这些英文词语有相似之处，但也有区别。《牛津中阶英汉双解词典》（第 5 版）将 "fairness" 释义为 "合理、公平、公正"，它是 "一种超越时间和空间的一致性含义"（Alan, 1995），侧重于程序和规则的公平。

《牛津中阶英汉双解词典》（第 5 版）将 "justice" 释义为 "公平、正义、公正的对待"，侧重于意识诉求，从理论上看，公平（fairness）源于正义（justice）。Rawls（1971）在其 *A Theory of Justice*（《正义论》）中，提出所有人有一致的自由，社会经济不平等在 "可控" 范围内，并能保证弱势群体获得最大福利，这是实现公正的基本原则。

impartiality 是 impartial 的名词形式，《牛津中阶英汉双解词典》（第 5 版）将其释义为公正、中立、不偏不倚，也就是不偏袒之意，侧重于过程公平。《牛津中阶英汉双解词典》（第 5 版）将 "equality" 释义为 "平等、均等" 之意，奥肯（1987）在其著作《平等与效率》（*Equality and Efficiency*）中使用了 "Equality" 一词，意指 "the state of being equal"（相等的状态）。也就是说，这一词语侧重于 "每天均享"（Berman et al., 1985）和结果的公平。

从英文释义中，可以看出，与汉语 "公平" 最为接近的是 "fairness"，与 "公正" 最为接近的是 "impartiality"，与 "正义" 较为接近的是 "justice"，而与 "平等" 较为接近的是 "equality"。

随着人类社会的不断发展进步， "公平" 的内涵逐渐丰富起来。根据洋龙（2004）的研究①，在古希腊和古罗马时期，公平就得到了人们的关注，据亚里士多德《雅典政制》一书记载，在梭伦生活的时期，梭伦认为，公平就是不偏不倚，之后，古希腊人提出了许多公平观，如法律公平。而亚里士多德把公平分为相对公平和绝对公平，并认为相对公平是法律公平，而绝对公平是自然法基础上的公平。这一时期有关个体关系处理的基本准则被纳入了公平范畴。在近现代，随着贫富差距的出现，有关公平的争议不断出现：自由主义者认为公平是过程公平，是一切人有权得到的唯一平等，它包括机会公平和收入分配公平等；而平等主义者则认为公平是条件平等，公平即结果均等，无论个体差异，都应得到平等对待。

马克思主义开创了研究公平的新时代。马克思主义认为公平问题根源于人类社会劳动实践的发展，在实践过程中形成了各种关系，而公平就是对各种关系调节的原则和准则，这些关系包括集体与集体的关系，个人与集体的关系，以及个人与个人的关系。在集体与集体的交往关系中，公平是给予与获取的平等互利；在个人与集体的关系中，公平是劳动的社会效益与回报的平衡合理；而在个人与个人的关系中，公平是对等互利和礼尚往来。《马克思恩格斯选集（第

---

① 以下关于 "公平" 的思想史主要参考了洋龙（2004）的研究。

3卷)》指出,"衡量什么算自然法权和什么不算法权,则是法本身最抽象的表现,即公平"。

随着历史发展,人们的公平观念也随之发展,并在不同领域形成了不同的界定。经济学家往往将公平与分配问题相联系,法学家认为遵守法律规则即公平,哲学家则与意识诉求相联系。尽管侧重点不同,但公平如同自由和民主一样,是社会发展的核心价值目标。本书中,公平是指经济学范畴的公平思想,是在资源配置过程中的效率与合理。

3.1.2 社会公平的内涵与外延

对于"公平、公正、平等"相关概念的界定,有助于理解社会公平的内涵。根据"公平"的概念界定,社会公平主要是社会层面的问题。

从内涵上看,社会公平主要是各个群体之间的公平分配。例如,Frederickson(1990)认为价值、组织设计和管理方式取向的组合构成了社会公平[①]。曼昆(1999)认为,社会公平是买卖双方间平等的福利分配,分配公平与否取决于交易双方的意愿或欲望能否得到满足。Fehr等(1999)、Bolton和Ockenfels(2000)构建公平(equity)、互惠(reciprocity)和竞争(competition)模型(ERC模型),以博弈论的方法证明了因自利的本性,人们并不愿意以个人利益为代价换得平均分配,而是对自己所获的分配额和相对地位很关注,仅仅当所有人分配均等时,才达到社会公平。这也是较早的社会公平在经济学领域中的研究。Constantine等(2007)认为,年龄、性别等导致的弱势群体和被边缘化的个体能够拥有与其他社会成员同样的社会资源和权利即社会公平。Jost和Kay(2010)认为收益和成本的分配公平,保护个体和群体基本权利和自有的程序公平,以及个体之间互动公平,是构成社会公平的理想状态。我国学者程恩富(2005)认为经济学意义上,公平是有关经济活动的制度、权利、机会和结果等方面的平等和合理。包玉秋(2007)认为社会公平是将政治利益、经济利益和其他利益合理、平等地分配给全体社会成员。张屹山(2007)认为社会公平是"社会成员享有均等的机会,拥有平等的权利,特别是拥有平等的生存权与发展权"。陈家付(2009)给出了类似的定义,并认为社会公平反映了一定社会的权利和利益关系,以及对这一关系是否合理的主观判断。陈辉和熊春文(2011)认为社会公平"要求所有社会价值(主要是社会资源或利益)在各个社会群体之间进行合乎公平的分配,社会群体可以从阶层、城乡、地区、民族、种族、性别等结构要素进行

---

① Frederickson认为社会公平强调了公共(政府)服务的平等、公共管理主体对政策和项目执行的责任、公共管理方式的转变,以及对公民需求的回应。

考察"。陈社英和蔡想（2017）认为社会不同群体间利益分配合理、社会资源配置方式合理即社会公平，否则社会各阶层无法公平共享改革成果。赵海棠等（2019）认为社会公平是"民心所向的理想状态"，当公众受到公平对待时，会促进个体与政府的合作互动。从概念上看，社会公平属于社会利益关系范畴，同时也是经济学研究中的重要问题，它反映了社会资源在个体、集体之间的合理分配问题。

从外延上看，由于划分标准不同，社会公平形成了不同系列的外延。第一类关于社会公平外延的解释，是根据社会公平的实现阶段与过程，将其分为起点公平、过程公平和结果公平。起点公平是受到关注较多的一个概念，也经常表述为"机会公平"和"权利公平"，是指社会成员都无特权地"站在同一起跑线上"。但这并不是简单地统一划齐，而是在考虑个体先天条件、家庭因素、自然禀赋等差异的前提下，通过公共政策，对弱势群体给予关照，从而实现起点公平，如遗产税的征收、城乡统筹发展和地区协调发展就起到了这一作用。过程公平是指在实现社会公平过程中的相关规则和制度的公平及实施执行的公平，从这一点上看，过程公平又可以细分为规则公平和程序公平。结果公平不是平均，是所有个体、群体间收入的均衡，是"每个人或每个生产单位参与生产资料和生活资料分配的权利是平等的"（程恩富，2005）。

第二类关于社会公平外延的解释，是根据社会公平实现的内容，将社会公平化为机会公平、权利公平、规则公平和分配公平。机会公平是指社会成员享有平等地创造和分享财富的机会。它仅受限于个体的选择和努力，而不受个体不可控制环境的制约（Arneson，1989；Cohen，1989；Roemer，1993；Roemer，2000），如个体先天差异、家庭背景、自然禀赋等。权利公平是所有社会成员不受个体差异、家庭背景、自然禀赋等影响，公平地享有各项权利，如生存权、居住权、迁移权、受教育权、就业权等。规则公平是指社会成员在同一规则下的平等，任何人都要无特权地接受规则的制约，不能超越规则。规则公平是实现社会公平的保障。分配公平即结果公平，是指所有社会成员都能够共享权益，关键因素是如何共享成果及成本与收益如何在利益方之间分配，从而实现整个社会财富分配的合理与均衡。分配公平既要避免两极分化，也要尊重合理的差距，"兼顾公平与效率"。

第三类关于社会公平外延的解释，是根据作用的领域和范畴，公平至少可以分为经济公平和社会公平。经济公平是指社会成员在生产资料占有关系、交换关系、分配关系等方面的公平，具体来讲，就是社会成员"在商品买卖的过程中进行等价交换"（张屹山，2007），体现了市场追求效率的本质。社会公平是指社会成员平等地享有包括教育、医疗卫生、就业、社会保障等社会公共产品和服务。经济公平依靠市场工作实现，而社会公平需要行政调节。此外，文化公平是指社会成员平等地享有文化产品和文化服务；政治公平是指社会成员平等地享有政治权利和地位。

综上，从社会公平的概念、内涵和外延上，可以看到它既有经济学中以收入分配界定的概念，也有社会学中的利益实现和政治学中的权利平等的概念，是一个复杂的体系。本书立足于经济学范围内的研究，是经济学意义上的社会公平，即以收入度量的结果公平，包括实现收入分配的均衡，以及提高收入保证居民生活的基本需求，实现底线公平，而机会公平、规则和程序（过程）公平等均是实现结果公平的前提，同时，本书不涉及不可度量的精神、权利等领域。

社会公平的实现离不开经济发展，没有持续的经济增长，社会公平的实现就不具有稳定性和连续性。此外，在社会公平的实现中，还需要考虑收入分配因素，只有弱势群体分享了经济发展的成果才有利于实现社会公平。

3.2 社会公平的测度与分析

3.2.1 指标的选取

1. 指标选取的基础

根据公平与社会公平的相关界定，可知社会公平有着丰富的内涵和外延，既有根据实现阶段与过程划分的起点公平、过程公平和结果公平，也有以实现内容为依据划分的机会公平、权利公平、规则公平和分配公平，还有根据领域和范畴划分的经济公平、社会公平、文化公平和政治公平。这些划分虽然分类标准不同，但在内容上存在交叉，再加上"公平""公正""平等"等概念的相近，导致在当前的研究中，社会公平的度量维度尚未统一，所选取的指标也涉及多个领域。

国外文献中，Kumar（1996）较早对社会公平进行了分析和测度，他在分析制造商与零售商的关系时，认为若将正义理论（justice theory）作为研究起点，社会公平可以明确地化为程序公平（procedural fairness）和分配公平。程序公平体现在双边的平等沟通与尊重的对待，从而保证分配的结果公平。Smith 等（1999）认为与经济价格和产出结果相关的分配公平是社会公平的另一重要维度，即分配公平，它包括了资源配置和产出的交换。Duffy 等（2003）认为程序公平（过程公平）决定了结果公平，因此，社会公平的重要维度是过程公平及双方政策和程序的公平，双边沟通、诉求、阐述及礼貌（尊重）等是重要的识别要素。Patterson等（2006）进一步区分了程序公平和相关关系公平（interactional fairness）。这主要是对达到结果方法的公平感知，包容在决策过程中和程序适应过程中的个体观点表达。UN（2006）增加权利公平作为测度维度之一。Casado-Diaz 等（2007）进一步对相关关系公平进行了解释，认为相关关系公平是人际关系处理的公平，主要涉及在相关交往中双方是否获得了关怀、礼貌和真诚的交流与对待等。由此，程序公平可以用相关关系公平定义，以在与他人交往过程中受到尊重的感知来测度。在此基础上，Worthington 和 Devlin（2013）将社会公平引入金融服务的研究中，从程序、相关关系和分配三个维度对社会公平进行测度。Trautmann 和 Kuilen（2017）从过程公平、结果公平和动态一致性方面对社会公平进行测度。早期的文献多是理论上的探讨，而近年来的文献多偏向于实证方面，并通过问卷以感知度对各维度进行测度。限于数据的可获性，分配公平、贫困减缓成为社会公平的代理变量，如曼昆（1999）以福利分配是否满足交易双方的意愿衡量，Boesch 和 Berger（2019）根据均等理论以每千克个体与平均水平的摄盐量差值计算社会公平。

在我国，社会公平的测度可以分为三类。第一类是单指标测度。收入差距是较早用于社会公平的测度指标，具体计算上分别以基尼系数、城乡收入比计算，如金双华（2002，2006）、孙文祥和张志超（2004）、刘晓凤（2009）采用基尼系数，刘成奎和王朝才（2008）、吕炜等（2010）、赵霞和白爽（2014）采用城乡收入比，分别分析了财政收入、财政支出等对社会公平的影响。孙光慧和曹丽萍（2014）以地区居民的家庭人均基尼系数测度的收入差距作为社会公平的代理变量。

第二类是多指标测度，如较早的江春和许立成（2007）以贫富差距（基尼系数）、城乡差距（城乡收入比）和地区差距（人均地区生产总值排序）测度了我国社会公平情况，并分析了金融发展和制度对社会公平的影响。朱玲（2011）选取了反映收入分配、社会保障和性别不平等的指标对我国社会公平进行测度，包括基尼系数、相对贫困、泰尔指数、劳动力市场和薪酬差距等。蔡伟贤和陈浩禹（2015）采用基尼系数和代际收入弹性的分解系数从微观角度测度了我国社会公平状况。范香梅等（2018）采用基尼系数和城乡收入比对收入分配公平进行了测度。

第三类是多指标体系的综合测度。该类研究从社会公平的不同外延分类和范畴，选取了相应的指标，构建综合评价指标体系。例如，栾大鹏和董惠敏（2014）从机会公平、底线公平和分配公平三个维度选取六个指标构建了经济社会公平度指标体系，并应用于江苏省 36 个县（市）的评价中（具体评价指标如表 3.1 所示）。

表 3.1　栾大鹏和董惠敏（2014）的经济社会公平度指标体系

维度	指标	计算方法	维度	指标	计算方法
机会公平	义务教育完成率	初中毕业生数/九年前小学招生数	分配公平	初次分配	城镇职工人均工资水平/人均地区生产总值
底线公平	贫困率	城乡最低生活保障人口占总人口的比重		再次分配	社会保障和就业支出占比
	生活水平公平度	乡村、城市人均生活消费支出比		城乡收入分配	城乡人均收入比

资料来源：栾大鹏和董惠敏（2014）

于君博和陈希聪（2014）将社会公平分为权利公平、规则与程序正义、机会公平和结果公平四个维度，从民生、稳定、环境等角度选取相关指标构建指标体系（相关指标如表 3.2 所示），对我国社会公平水平进行评价。

表 3.2　于君博和陈希聪（2014）的社会公平正义评价指标体系

维度	测度指标	维度	测度指标
权利公平	每万人社团数量	规则与程序正义	城镇个体劳动者比重
	每万人国际互联网用户数		第三产业从业人员比重
	居民储蓄的财政收入占比		FDI[1]的 GDP 占比
机会公平	人均捐赠额的工资收入占比	结果公平	居住支出的消费占比
	教育支出的财政收入占比		职工平均工资
	每万人拥有医生数量		城镇登记失业率
	每万名中小学学生拥有教师数量		城镇贫困发生率
	每万人拥有公共汽电车		农村贫困发生率
	人均生活用电量		每平方千米二氧化硫排放量
	房价收入比		工业废水排放达标率

1）FDI：foreign direct investment，外国直接投资
资料来源：于君博和陈希聪（2014）

田富俊和郑逸芳（2014）从社会建设涉及的经济生活、社会保障、公共服务、政治文明、生存环境五个方面选取不同的指标构建了和谐社会建设的社会公平正义评价指标体系（具体评价指标如表 3.3 所示），并讨论了评价指标体系应用时的注意事项。

表 3.3　田富俊和郑逸芳（2014）的社会公平正义评价指标体系

维度	一级指标	二级指标	维度	一级指标	二级指标
经济生活	收入	①基尼系数偏差度*［=（0.382−基尼系数）/0.382］	公共服务	公共设施供给	①水、电、气基础设施提供率
		②农村居民人均纯收入			②公办教育入学率
		③农村居民人均纯收入偏差度*			③公办医疗就医率
		④城镇居民人均可支配收入			④每百人病床位
		⑤城镇居民人均可支配收入偏差度*			⑤每百人公交车辆
		⑥失业人员再就业率		社会保障	①城镇基本养老保险参保率
		⑦贫困人口比率*			②城镇基本养老金标准
	消费	①恩格尔系数偏差度*［=（55%−恩格尔系数）/55%］			③城镇基本医疗保险参保率
		②居民消费价格指数*			④城镇基本医疗报销比率
		③消费总支出占人均收入比*			⑤城镇失业保险参保率
	住房	①平均商品房销售价*			⑥城镇失业保险补偿标准
		②平均商品房销售价占人均收入比*			⑦工伤保险参保率
		③平均商品房租用价*			⑧工伤保险补偿标准
		④平均商品房租用价占人均收入比*			⑨生育保险参保率
	教育	①高等教育入学率			⑩生育保险补助标准
		②中等教育以上人口城乡比*			⑪城镇居民最低生活保障制度落实率
		③中等教育以上人口性别比*			⑫城镇居民最低生活保障标准
	交通	①人均铁路里程			⑬新型农村社会养老保险参保率
		②人均公路里程			⑭新型农村社会养老保险标准
		③交通成本占人均收入比*			⑮新型农村合作医疗参保率
		④城区人均公共绿地面积			⑯新型农村合作医疗报销比率
生存环境	自然环境质量	①空气良好天数占区域平均数			⑰农村最低生活保障制度落实率
		②生活区周围水域水质达标率			⑱农村最低生活保障标准
		③饮用水源水质达标率		社会救助	①社会救助工作落实率
		④生活区噪声达标率			②人均救助标准占最低生活标准的比重
		⑤森林覆盖率			③刑事案件侦破率
		⑥城区人均公共绿地面积	政治文明	政治参与	①选举权与被选举权落实率
	社会治安	①治安案例发生率*			②政务信息公开落实率
		②刑事案例发生率*			③妇女参政人数比
		③刑事案件侦破率		行政建设	①政务服务满意度
公共服务	公共服务投入	公共服务投入占财政支出的比重			②行政办公效率
		公共服务投入城乡比			③廉政建设完成率
		人均公共服务投入			④公民对执法满意度

*表示指标为负向指标

资料来源：田富俊和郑逸芳（2014）

牛富荣（2016）构建了财政促进社会公平的综合评价指标，从社会发展、财富分配、基础教育、医疗卫生、社会保障五个维度选取反映收入、消费、公共服务投入等的指标用于测度社会公平（具体指标如表3.4所示）。

表3.4 牛富荣（2016）的财政促进社会公平的综合评价指标

维度	测度指标	维度	测度指标
社会发展	城镇居民人均可支配收入增长率	基础教育	国家财政性教育经费/GDP
	农村居民人均纯收入增长率		城乡生均教育经费均等化
	城镇恩格尔系数		省际生均财政性教育经费变异系数
	农村恩格尔系数	医疗卫生	政府卫生支出/GDP
财富分配	城乡居民收入/GDP		城乡人均医疗卫生经费均等化
	基尼系数		省际人均医疗卫生支出变异系数
	城乡居民人均收入比	社会保障	社会保障支出/GDP
	城乡居民消费水平比		基本养老保险覆盖率
	省际人均财政支出变异系数		基本医疗保险覆盖率

资料来源：牛富荣（2016）

2. 指标体系的构建

2019年4月16日，习近平总书记在解决"两不愁三保障"突出问题座谈会上，强调"到2020年稳定实现农村贫困人口不愁吃、不愁穿，义务教育、基本医疗、住房安全有保障，是贫困人口脱贫的基本要求和核心指标，直接关系攻坚战质量"[1]。这为本书选取相关指标度量社会公平提供了重要的基础。贫困人口的脱贫问题既是"底线"，也是决胜全面建成小康社会的关键。"两不愁三保障"的脱贫硬指标，最终可以通过机会公平、过程公平（努力）、规则公平[2]等，以减贫增收反映到结果公平中。

由此，根据这一重要论述，结合本书对社会公平的界定，参考UN（2006）等的相关研究，将社会公平度分为底线公平和分配公平两个维度，其中底线公平由贫困综合指数和生活水平两个指标测度，分配公平由初次分配公平、再分配公平和城乡收入分配公平三个指标测量，具体指标如表3.5所示。

---

[1] 习近平：在解决"两不愁三保障"突出问题座谈会上的讲话. http://www.xinhuanet.com/politics/2019-08/15/c_1124879967.htm，2019-08-15.

[2] 机会公平、规则公平等起点和过程中的公平，是结果公平的重要保障，本书将机会公平、规则公平等作为影响因素，在后续章节的经验检验部分作为影响因素之一进行讨论。

表 3.5　社会公平度的测量指标

目标	一级指标	二级指标		定义/计算方法	属性
社会公平度（sf）	底线公平（sf_1）	贫困综合指数（zpov）	贫困率	农村最低生活保障人数/总人口	负
			贫困线指数	贫困线/农村居民家庭人均收入	
			贫困缺口率	（贫困人口×贫困线−贫困人口经济收入）/（贫困人口×贫困线）	
		生活水平（enc）		农村恩格尔系数	负
				城镇恩格尔系数	负
	分配公平（sf_2）	初次分配公平（inc1）		人均工资水平/人均收入水平	正
		再分配公平（inc2）		劳动与就业保障支出/财政费用支出	正
		城乡收入分配公平（inc3）		泰尔指数	负

1）维度 1：底线公平（sf_1）

贫困人口脱贫和提高生活水平是社会公平的底线。通常，贫困的衡量标准是贫困线，即个人、家庭或某一地区贫困与否的界定标准。贫困线标准很多，如家庭消费、食品、基本需求、收入水平等。贫困线设定不同，贫困测度的结果也不相同。在贫困线设定中，最常用的是人均收入，在《1990 年世界发展报告》中，世界银行首次提出了"1 天 1 美元"的绝对贫困线标准，并以此来判断贫困程度。中国曾经的贫困线是 1986 年制定的，按照 1985 年 200 元的不变价计算，贫困线为 206 元[①]。另外，还有按生存线、温饱线和发展线的标准所划分的绝对贫困线、基本贫困线和相对贫困线（唐钧，1998）。

在贫困程度的计算中，比较常用的方法有下列几种。

（1）贫困发生率。贫困发生率（H）是最早用于测度贫困的指标，它是贫困人口（q）占总人口（n）的比率，即

$$H = q/n \tag{3.1}$$

贫困人口是处于贫困线以下的人口数，反映在全部人口中有多少人处于贫困的状态。贫困人口总数越大，贫困发生率指标越大，说明社会中处于贫困线以下的人口越多，社会的贫困程度越高。

有些学者，如 Watts（1968）和 Sen（1976）等认为这一指标虽然包含的信息量较少，不易识别低收入人群、没有考虑贫困人口低于贫困线的程度等，但简单、直观、易于计算、可操作性强，使得贫困发生率成为世界上多数国家和联合国机

---

① 按照这一贫困线，1986 年中国贫困人口为 1.31 亿人。

构所采用的指标。

(2) 贫困线指数。贫困线指数(K)是用于测度贫困程度的指标,它是贫困线(z)与人均总收入(m)的比值,即

$$K = z/m \tag{3.2}$$

在一定的贫困线下,国家或地区的人均总收入越高,K值越小,贫困程度越低;反之,贫困程度越高。

(3) 贫困缺口率。为克服贫困率指标的一些不足,美国社会安全局于1971年提出了贫困差距的概念,用于度量贫困人口的实际收入与贫困线之间的差距及贫困状况的变化程度,也称为贫困缺口率。Sen(1976)对该指标进行了标准化处理,认为可以用贫困线与贫困人口纯收入差距总和/达到贫困线的人口收入总和计算,即

$$I = \sum \frac{z-y}{Y} \tag{3.3}$$

其中,I为贫困缺口率;z为贫困线;y为贫困人口纯收入,z与y二者之差表示贫困缺口;Y为达到贫困线的人口收入。I是0到1之间的数值,其值越接近于0,说明该国家或地区的贫困程度越高;越接近于1,贫困缺口越大,贫困越严重[①],实现底线公平难度越大。这一比率与贫困发生率一样,简单、直观,并被广泛使用。

(4) 公理化指数。Sen(1976)利用公理化方法,把贫困发生率与贫困缺口指数进行综合,同时体现贫困人口的分布和收入分配,并对贫困程度的衡量进行了补充。这一方法被命名为"森指数",即公理化指数。Sen(1976)认为,贫困是贫困缺口的加权和,即

$$p = A(n,q,z) \sum_{i=1}^{q} V_i g_i \tag{3.4}$$

其中,$A(n,q,z)$为一个正规化参数,由总人口n、贫困人口q、贫困线z确定;V_i为第i个人的贫困缺口g_i的权重,取决于这个人与同一参照组中其他人的相对地位。如果参照组是贫困人口组,那么相对地位就是第i个人在贫困人口集合中的排序$r(i)$。公理化指数在0~1变动,当$q=0$时,$p=0$;当$q=n$时,$p=1$,也就说所有人都没有收入。

公理化指数由于计算比较复杂,理论应用较多,但实践中没有前三个指标普及。但是,Sen(1976)的这一开创性研究,引发了许多学者对贫困指数的深入探讨。

(5) FGT(Foster-Greer-Thorbecke)指数。Foster等(1984)改进了公理化指数,直接使用贫困缺口作为权数,提出FGT指数,计算方法为

---

① 此时,贫困最为严重,政府救济是生存的唯一支持。

$$P_\alpha = \frac{1}{n} \sum_{i=1}^{q} \left(\frac{g_i}{z}\right)^\alpha \quad\quad (3.5)$$

其中，n 为总人口；z 为贫困线；q 为贫困人口；g_i 为贫困缺口；α 为参数。当 $\alpha=0$ 时，得出的是贫困发生率（H）；当 $\alpha=1$ 时，得出的是贫困缺口率（I）；当 $\alpha=2$ 时，得出的是平方贫困距指数（P_2），用以衡量贫困强度。这三个指标一般只说明贫困程度的一个方面，通常配合使用。与公理化指数类似，其实际计算较复杂。

此外，还有很多指标用于对贫困程度的测量，如基尼系数等，但没有贫困率等指标应用得广泛。

（6）贫困综合指数。贫困综合指数测度的是社会经济负担程度，可以用贫困缺口与国民收入之比计算（屈锡华和左齐，1997）。具体可以将贫困发生率、贫困缺口率和贫困线指数综合相乘，即可得到贫困综合指数（R），如式（3.6）所示。

$$R = H \times I \times K \quad\quad (3.6)$$

贫困率、贫困缺口率和贫困线指数越大，贫困综合指数越大，说明地区贫困程度越高，社会公平度越小。这一指标可以用于分析地区的贫困特征与差异。

根据我国脱贫攻坚的实践[①]，考虑数据的可获性与可计算、可比较等原则，选择以贫困率、贫困缺口率和贫困线指数所构成的贫困综合指数作为底线公平的测度指标之一，并根据式（3.1）~式（3.3）和式（3.6）计算各指标。其中，贫困人口以农村最低生活保障人数估算，贫困线为国家公布的贫困标准线，人均总收入（m）以农村人均收入计算。贫困人口的经济收入以贫困率和农村居民家庭人均收入推算。三个指标具体估算方法为：贫困率=农村最低生活保障人数/总人口，贫困线指数=贫困线/农村居民家庭人均收入，贫困缺口率=（贫困人口×贫困线-贫困人口经济收入）/（贫困人口×贫困线）。这三个指标及合成的贫困综合指数均为负向指标。

生活水平是底线公平的另一个测度指标。随着我国社会主义市场经济体制改革的深化，居民消费水平已经成为生活水平高低的重要参考，也是贫困的重要标志之一（Quartey，2005；Odhiambo，2009，崔艳娟和孙刚，2012）。而衣食住行又是人们基本的生活消费，也体现了"两不愁三保障"的硬性要求。恩格尔系数，即人均食品消费支出占比，是常用的测度生活水平的指标，也是测度基本生活底线的指标。恩格尔系数越大，说明居民消费支出中食品消费支出所占比例较大，其他消费，如教育、交通、通信等较少，意味着生活较贫困；相反，恩格尔系数越小，生活越富裕，基本生活底线越公平。因此，这一指标

---

① 截至2019年底，我国共有340个贫困县脱贫摘帽，"三区三州"贫困人口由2018年的172万人减少到2019年底的43万人，贫困发生率由8.2%下降到2%，"两不愁三保障"突出问题基本解决。

是负向指标。考虑我国城乡二元结构的特点,以及城市消费结构与农村消费结构的差异,这里分别计算农村恩格尔系数和城镇恩格尔系数后,再计算两者的算数平均值,以此表示地区的恩格尔系数。

2) 维度2:分配公平(sf_2)

"合理的收入分配制度是社会公平正义的重要体现"[①],收入分配对实现贫困减缓(底线公平)有着重要的影响,公平并不是绝对的平等,而是"初次分配和再分配都要处理好效率和公平的关系,再分配更加注重公平"。分配公平依据"效率与公平兼顾"的原则,通过过程公平、规则公平等,最终实现结果公平。2013年2月,《关于深化收入分配制度改革的若干意见》发布,该意见指出我国收入分配领域中亟待解决的问题,如居民收入分配、宏观收入分配格局、城乡收入差距等,同时也提出了继续完善初次分配机制、加快健全再分配调节机制、建立健全促进农民收入较快增长的长效机制,以及推动形成公开透明、公正合理的收入分配秩序[②]四项解决措施。2018年4月,《2018年收入分配重点工作》发布,强调了收入分配的重点工作:完善初次分配制度、履行好政府再分配调节职能、促进社会公平和夯实收入分配体系建设基础。合理的收入分配对促进社会公平有着重要影响。

基于我国收入分配领域的实践与解决措施的思考,这里以初次分配、再分配和城乡收入分配三个指标测度分配公平。考虑数据的可获性,初次分配以城镇职工人均工资占比估计,再分配用社会保障与就业的财政支出占比测算。这两个指标为正向指标。常用于收入分配差距的测度方法有基尼系数、泰尔指数、城乡居民人均收入比率等。考虑到各省(区、市)数据的缺乏,并且基尼系数对中间阶层收入的变动比较敏感,以及城乡居民人均收入比率虽然计算简单,但未考虑人口变动的影响,因此,这里借鉴王少平和欧阳志刚(2008)提出的方法,采用泰尔指数来度量城乡收入分配差距,计算公式如式(4.7)所示。

$$\text{inc}_{i,t} = \left(\frac{p_{i,t}^r}{P_{i,t}}\right) \times \ln\left(\frac{p_{i,t}^r}{P_{i,t}} \bigg/ \frac{z_{i,t}^r}{Z_{i,t}}\right) + \left(\frac{p_{i,t}^u}{P_{i,t}}\right) \times \ln\left(\frac{p_{i,t}^u}{P_{i,t}} \bigg/ \frac{z_{i,t}^u}{Z_{i,t}}\right) \quad (3.7)$$

其中,i和t分别表示省(区、市)和年份;p和z分别表示人口数和总收入水平(以人口与人均收入乘积计算);r和u分别表示农村地区和城镇地区;P和Z分别表示各省(区、市)的总人口数和总收入水平。

以泰尔指数测度的城乡收入分配指标是负向指标。泰尔指数越大,说明城乡收入差距越大,以其度量的收入分配公平度就越低。

---

① 《2010年国务院政府工作报告》。
② 国务院. 国务院批转发展改革委等部门关于深化收入分配制度改革若干意见的通知. http://www.gov.cn/zhengce/content/2013-02/04/content_1624.htm, 2013-02-04.

3.2.2　各地区社会公平度的计算

1. 计算方法

社会公平度的测度使用的仍是多指标综合评价体系,考虑评价的目的及变量构成分析的一致性,这里根据表 3.5 的指标,采用变异系数法设置权重,加权计算社会公平度指数的评分,具体方法如下所示。

第一,根据指数的正向和负向属性,用式(3.8)和式(3.9)将各指标无量纲化处理。其中,X、m、M 分别为各指标实际值、最小值和最大值;d 为无量纲化处理后的指标值。

$$d_i = \frac{X_i - m_i}{M_i - m_i}, \quad m_i \leqslant X_i \leqslant M_i \tag{3.8}$$

$$d_i' = \frac{M_i - X_i}{M_i - m_i}, \quad m_i \leqslant X_i \leqslant M_i \tag{3.9}$$

第二,根据式(2.3)计算各指标的权重。其中,w_i 为指标权重;V_i 为各指标的变异系数,以各指标的标准差与均值的比值计算。

$$w_i = \frac{V_i}{\sum_{i=1}^{n} V_i}, \quad 0 \leqslant w_i \leqslant 1 \tag{3.10}$$

第三,根据各指标无量纲化处理后的数值及权重,计算综合评价得分。在评价时,从最底层指标进行计算,对评价对象进行评分计算。

计算所得评分越高,社会公平度越高;反之,社会公平度越低。

2. 数据来源

与包容性金融发展评价对应,这里使用的样本共 31 个省(区、市),不包括我国香港、澳门和台湾地区。原始数据分别来源于 2007~2019 年《中国统计年鉴》、各省(区、市)统计年鉴、《中国民政统计年鉴》、中经网数据库。其中,2009~2010 年的城市最低生活保障人数、农村集中供养特困户人数、农村分散供养特困户人数、农村低保平均标准等来源于中国民政部网站的各省(区、市)《民政事业统计季报》;就业与社会保障财政费用来源于《中国财政年鉴》;各省(区、市)最低生活保障支出来源于《中国农村统计年鉴》。全国 2018 年最低生活保障人数、最低生活保障标准等数据来源于《2018 年民政事业发展统计公报》。

3. 社会公平度的测度结果

根据上述方法，对各指标无量纲化处理后，以变异系数法计算各维度及测度指标相应的权重，如表 3.6 所示（W 表示维度的权重，w 表示测度指标的权重）。进一步对我国 2006~2018 年各地区的社会公平度进行测度，相关分析见 3.3 节。

表 3.6 社会公平度评价指标的权重

年份	W_1	W_2	w_{11}	w_{12}	w_{21}	w_{22}	w_{23}
2006	0.574	0.426	0.380	0.620	0.474	0.311	0.216
2007	0.656	0.344	0.536	0.464	0.521	0.287	0.192
2008	0.664	0.336	0.573	0.427	0.478	0.322	0.200
2009	0.667	0.333	0.599	0.401	0.462	0.322	0.216
2010	0.622	0.378	0.581	0.419	0.419	0.391	0.189
2011	0.577	0.423	0.592	0.408	0.385	0.425	0.189
2012	0.592	0.408	0.634	0.366	0.403	0.404	0.193
2013	0.616	0.384	0.663	0.337	0.404	0.408	0.188
2014	0.633	0.367	0.661	0.339	0.389	0.425	0.186
2015	0.620	0.380	0.650	0.350	0.442	0.400	0.158
2016	0.609	0.391	0.673	0.327	0.436	0.403	0.161
2017	0.610	0.390	0.652	0.348	0.411	0.426	0.162
2018	0.673	0.327	0.579	0.421	0.454	0.357	0.189

3.3 社会公平度的时空演变分析

3.3.1 社会公平度的时间演变特征

1. 社会公平-经济增长关系分析

以人均 GDP 表示经济增长情况，将人均 GDP 排序后的结果与社会公平度排序后的结果分别作为纵轴和横轴，做社会公平-经济增长关系的四象限图。若观测值位于第一象限和第三象限的 45° 线上或附近，则说明该地区社会公平度与经济增长水平较为一致；若远离 45°线，则意味着该地区社会公平度与经济增长水平相差较大。具体而言，位于第二象限的观测省（区、市），其社会公平度较高，而经济增长水平较低；位于第四象限的观测省（区、市），其经济增长水平较高，而社会公平度较低。2006年、2011年、2016年和2018年四个年份的横截面数据的分析如图 3.1~图 3.4 所示。由图 3.1~图 3.4 可知，我国大部分地区表现出社会公平度与经济增长协调发展的特征，也就是说，经济增长是包容发展的，有利于促进实现底线公平和分配公平。随着时间变化，西部地区、东北地区的部分省（区、市）的协调度变化较大。

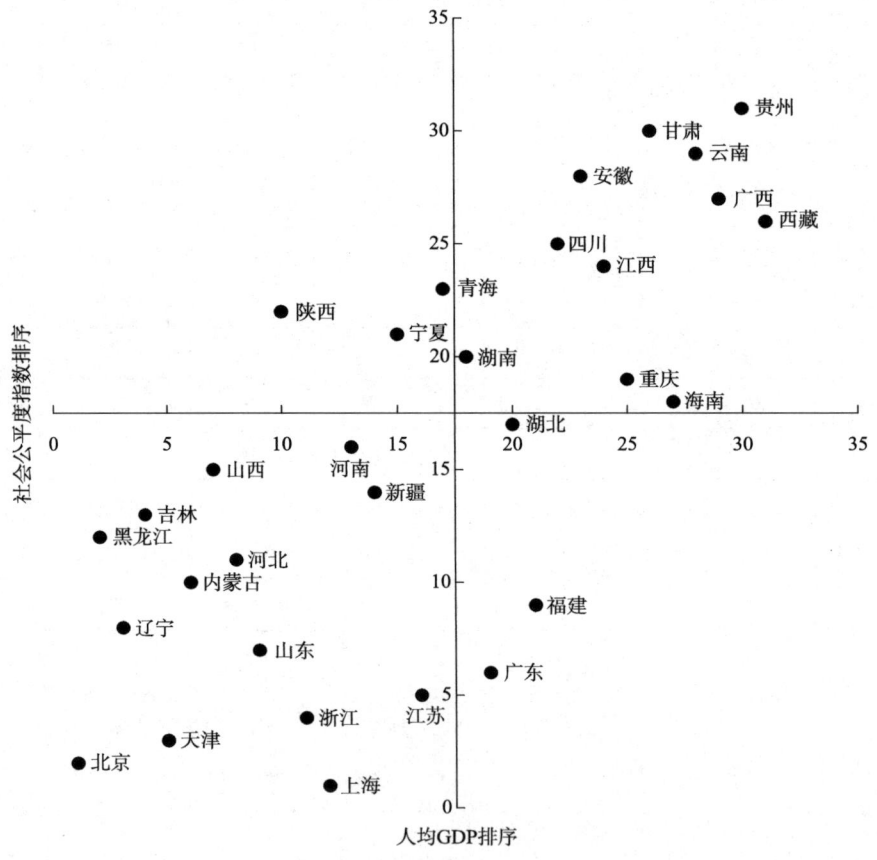

图 3.1　2006 年社会公平-经济增长协调关系

值得说明的是，这一结果可能会与实际情况有所偏差，原因可能在于社会公平测度指标有限的制约，同时，测度数据来源的多样性，可能会使得结果有一定的偏差。另外，我国幅员辽阔，各地区市场化进程不同，也就是说，各地区所处的经济发展阶段不完全相同，各地区的经济增长还有其他多样化的发展目标，

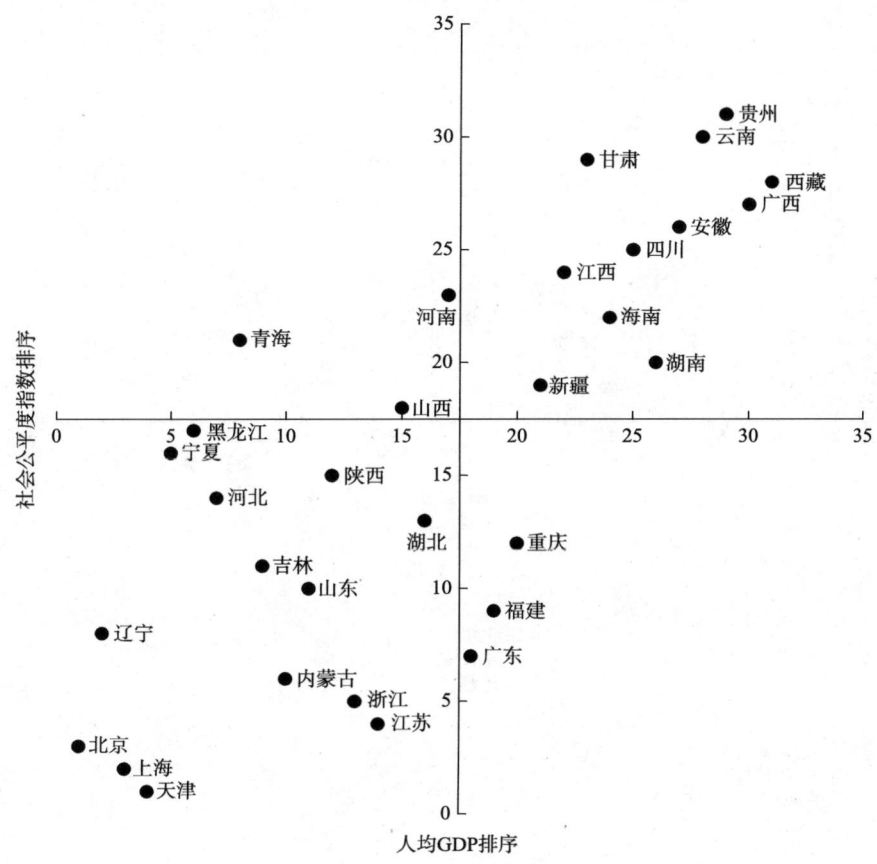

图 3.2 2011 年社会公平–经济增长协调关系

而社会公平的改善有可能是非线性变化的,如呈 U 形曲线变化。

2. 社会公平度的变化趋势

将我国各地区社会公平度指数按年度计算平均值、标准差和变异系数(平均值与标准差之比),将均值和变异系数变化作图后,给出每组数据的趋势线[①],并向前和向后推移一个周期,如图 3.5 所示。

整体来看,我国社会公平度指数基本有着波动上升趋势。变异系数经过趋势拟合后,呈现了先升后降的 U 形变化趋势。这说明随着时间的推移,在外部环境与政策的影响下,我国社会公平度整体上升,但由于各省(区、市)之间的不均衡发展,又出现了小幅度的下降,而各省(区、市)的不均衡发展,容易导致社

---

① 选择二次项的多项式趋势拟合。

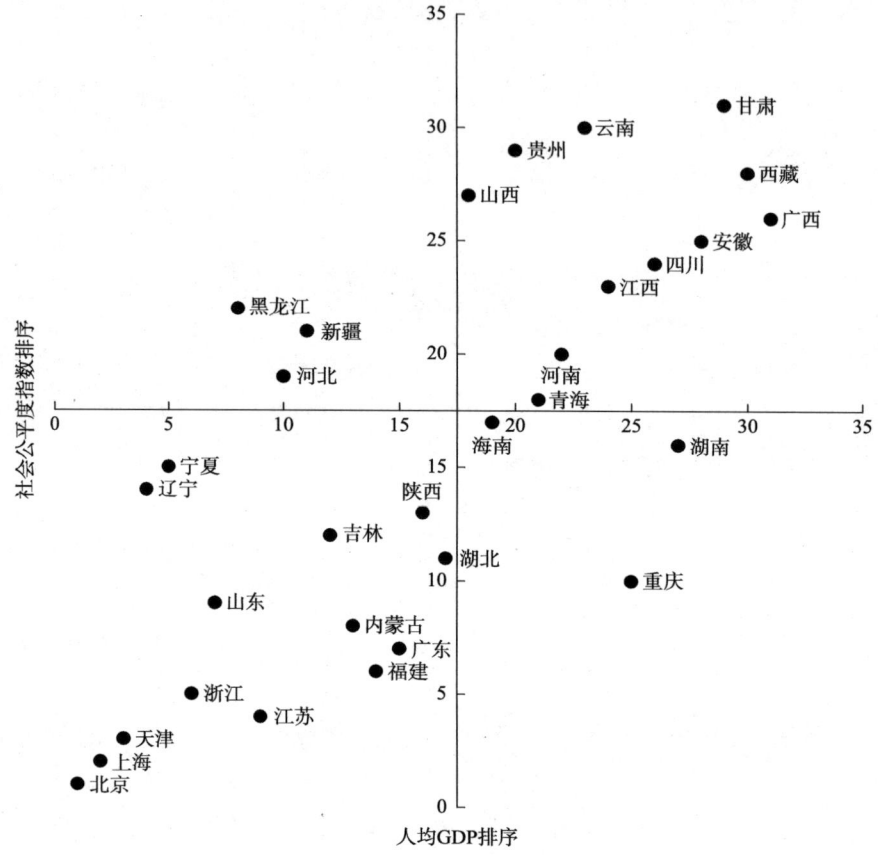

图 3.3　2016 年社会公平-经济增长协调关系

会公平度的感知下降。这一结果与于君博和陈希聪（2014）的测度结果保持一致。

3.3.2　社会公平度的空间演变特征

进一步分析 2006 年、2008 年、2011 年、2015 年和 2018 年五个时间点社会公平度的区域差异变化，如图 3.6~图 3.10 所示。

对比四大地区和各省（区、市）的变化，可以看到我国社会公平度的区域分布特点：东部地区和东北地区高于中部地区和西部地区，中部地区高于西部地区。同时，中部地区、东北地区各省（区、市）间社会公平度差异较小，而中部地区和西部地区差异较大。

第 3 章 社会公平与社会公平度的分析

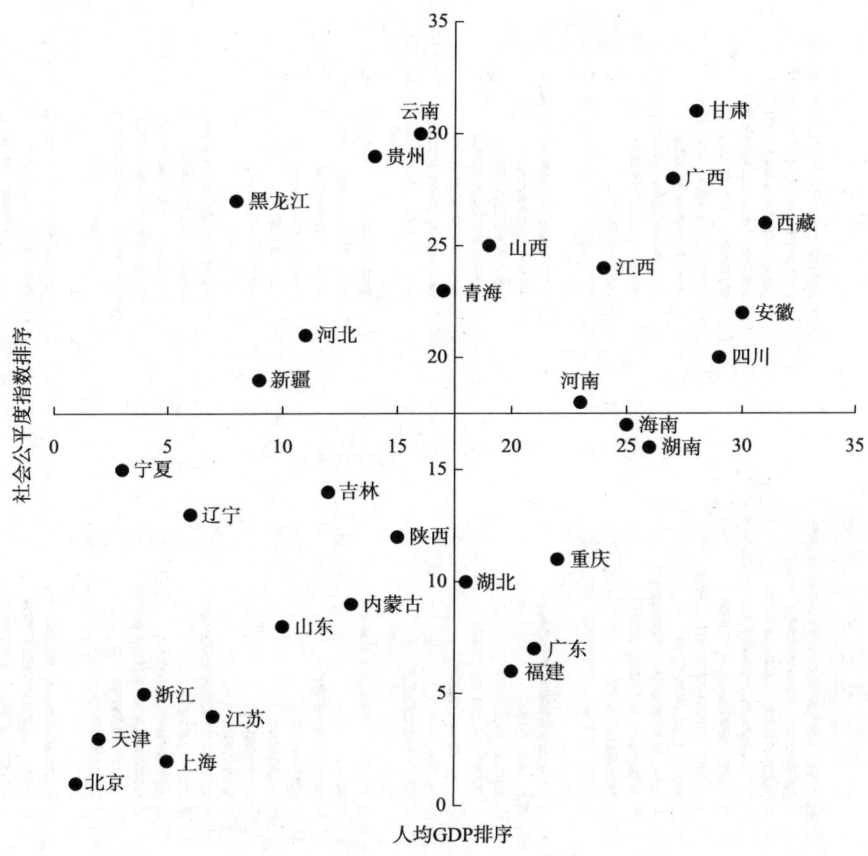

图 3.4 2018 年社会公平–经济增长协调关系

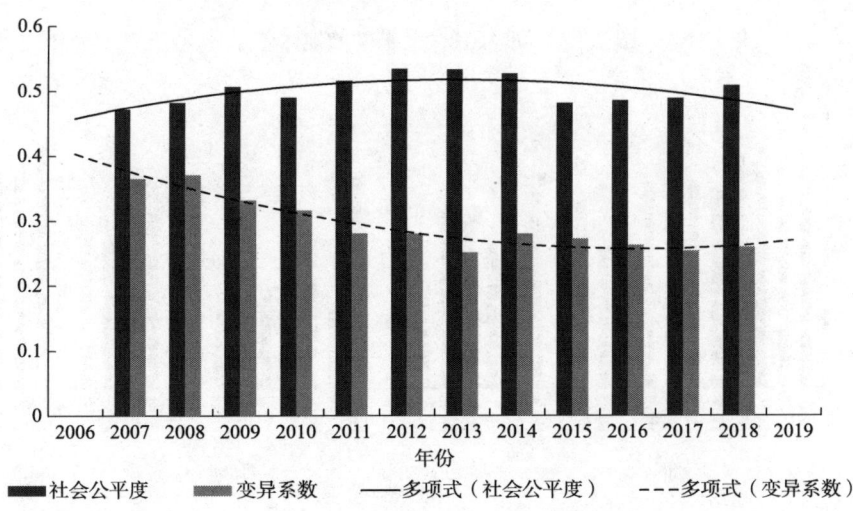

图 3.5 我国社会公平度的时间变化趋势

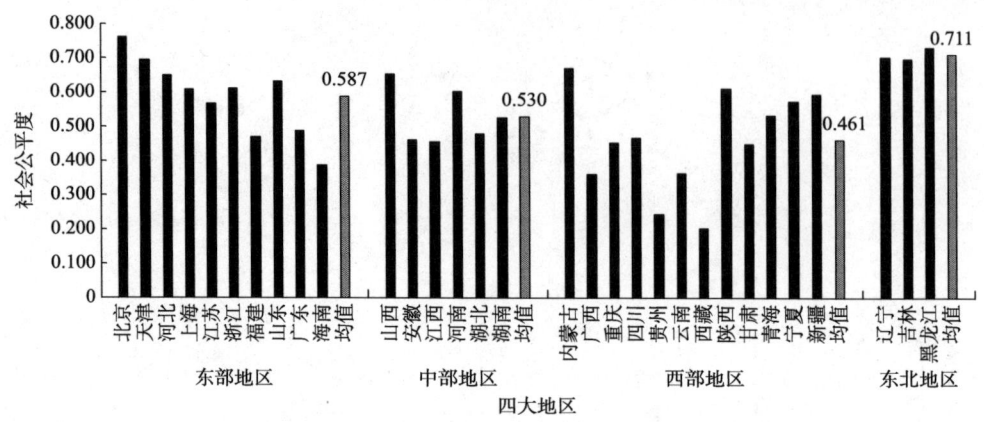

图 3.6 2006 年社会公平度的地区差异

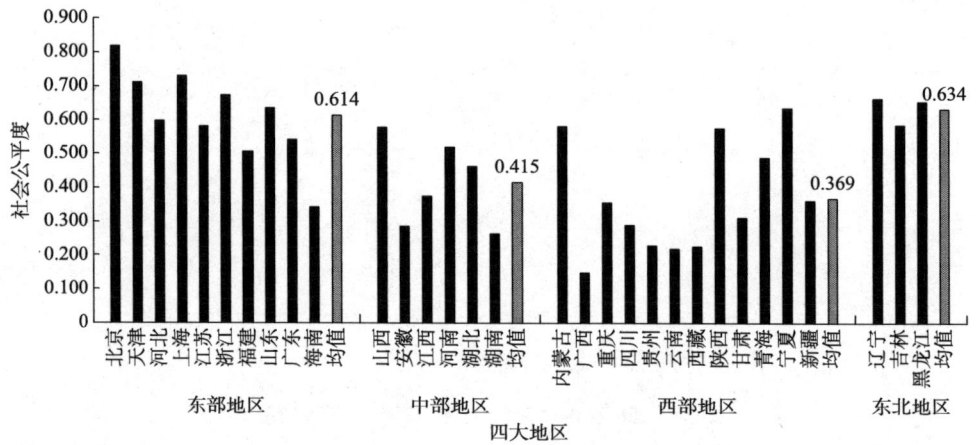

图 3.7 2008 年社会公平度的地区差异

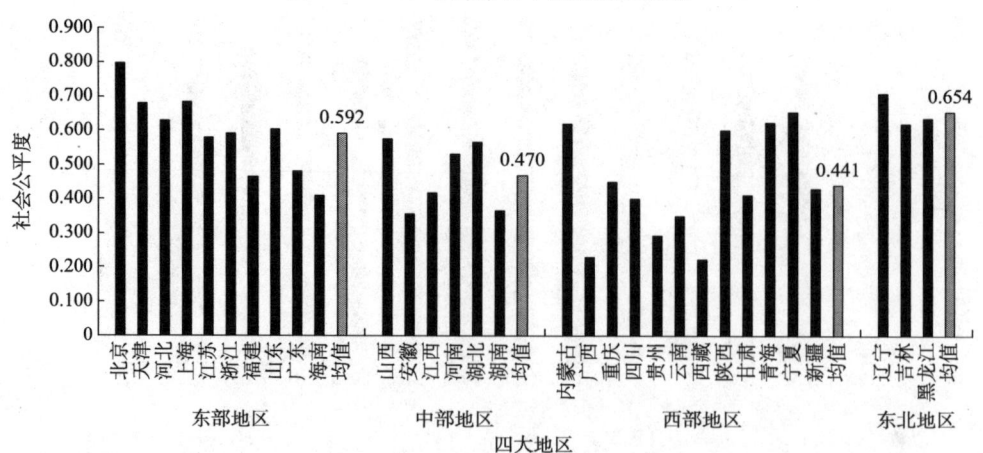

图 3.8 2011 年社会公平度的地区差异

第 3 章 社会公平与社会公平度的分析

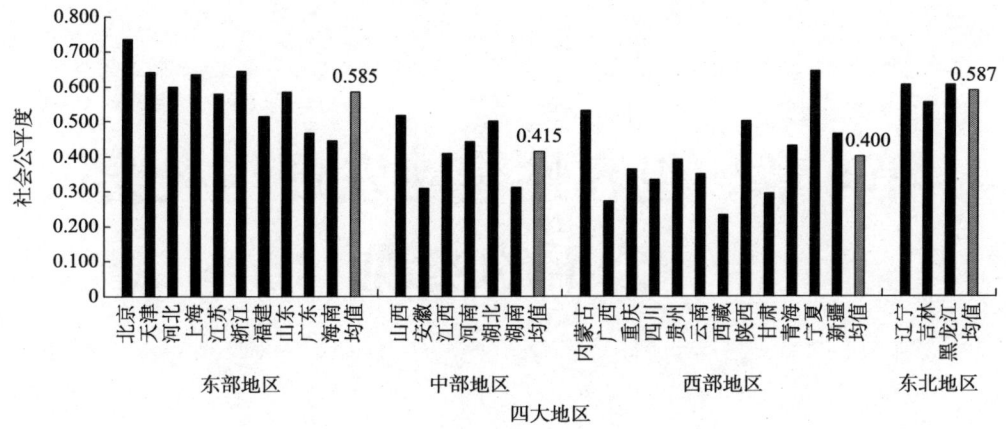

图 3.9 2015 年社会公平度的地区差异

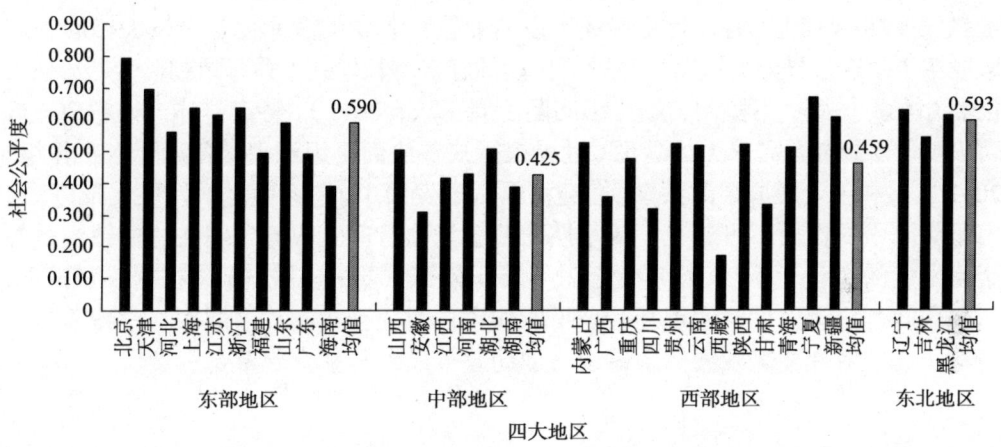

图 3.10 2018 年社会公平度的地区差异

第4章 包容性金融发展与社会公平的实现

经过多年的改革深化,我国金融发展规模不断扩大、金融发展效率不断提升、金融发展结构不断完善,逐步形成了以商业银行为主的多元化金融发展格局。其形成源于政府主导的发展路径和投资拉动的经济增长模式(乔海曙和杨蕾,2016),仍然存在不平衡、不协调、不持续问题(周正庆,2011),特定群体(如农户、低薪人群等)的金融需求无法满足(世界银行扶贫协商小组和中国普惠金融工作组,2012),不利于发展成果的共享。在经济新常态发展中,包容性金融发展在推进"包容平等"中的作用不可忽视,从早期的贴息贷款、保险服务到现在的村镇银行等金融减贫的实践,为我国包容性金融发展积累了重要的实践基础。在这一背景下,研究包容性金融发展对实现社会公平的作用,对完善我国"多层次、广覆盖、可持续"的包容性金融发展体系建设与推动改革成果共享有着重要意义。

4.1 包容性金融发展对社会公平实现的作用机理

包容性金融发展能够突破传统金融的服务边界,通过提高弱势群体对金融服务的可获性,提高资源配置效率,进而促进包容性增长和实现社会公平。包容性金融发展的提出源于其对减缓贫困和增加收入的作用,然而,社会公平是同时涉及社会学和经济学的问题,有关包容性金融发展与社会公平的直接研究较少,大部分文献集中于金融与贫困减缓和降低收入差距的相关领域中。作为金融发展重要方式之一的包容性金融发展,其目标就是将金融排斥(financial exclusion)的群体纳入正规的金融服务体系中(Fernandez,2006;Mohan,2006),保证经济体内所有成员能够容易获得和使用正规的金融服务。银行机构数量的扩大、面向弱势群体金融产品种类的增加,能够提高弱势群体和小微企业借贷及生产投资(如儿童教育的人力资本和农业机械等物质资本),扩大其金融服务可获性(Allen et al.,2013),从而有效地增加其收入水平,提高其资产等受冲击的承担能力(Sen,2010),避免贫困的产生。因此,包容性金融发展对减少贫困、缩小收入差距有着重要作用(Chibba,2009)。Allen 等(2012)、Demirgüç-Kunt 和 Klapper(2013)、Bruhn 和 Love(2014)、Karpowicz(2014)、Dabla-Norris 等(2015)、Park 和 Mercado(2015)均采用跨国数据验证了包容性金融发展对贫困减缓和收入分配的影响。我国学者田杰和陶建平(2012)、车树林和顾江(2017)、范香梅等(2018)采用我国的样本数据分析了包容性金融发展对提高农民收入、减缓农村贫困、缩小收入分配差距的积极作用。张勋等(2019)发现数字普惠金融有利于促进我国的包容性增长。这些研究为探讨包容性金融发展对实现社会公平的作用提供了重要基础。

随着金融发展的深化,整个金融体系的质和量提高,使得其资源配置、公司治理、风险管理、金融服务(储蓄、贷款、保险、培训等)等功能作用日益明显化。金融发展的这些功能将直接影响一国的经济增长、居民收入分配及金融机构提供金融服务的质量和数量,并作用于居民初始收入和就业机会等,从而对居民生活水平产生重要影响。作为金融发展重要方式之一,包容性金融发展将影响社会公平的实现。经济学关注的社会公平,主要指的是结果公平,而机会公平、努力公平等,都是结果公平的重要保证,如图 4.1 所示。Roemer(1993)构建了"环境—努力"二元分析框架,用于分析机会公平对结果公平的影响,他认为若以收入表示结果,那么一个人的收入就由外部环境和自身努力决定,并用是否可以控制进行区分。典型的环境因素,有家庭特征(包括年龄、父母受教育程度、父母婚姻状况、种族、出生地等);而可以自我控制的,如个体受教育程度、职业状态、工作努力程度等,均属于努力因素。其中,"环境—努力"二元分析框架的环境部分被后来的学者称为机会不平等,并证明了其对收入不平等的影响,如 Zhang 和 Eriksson(2010)、龚锋等(2017)、史新杰(2018)的研究。

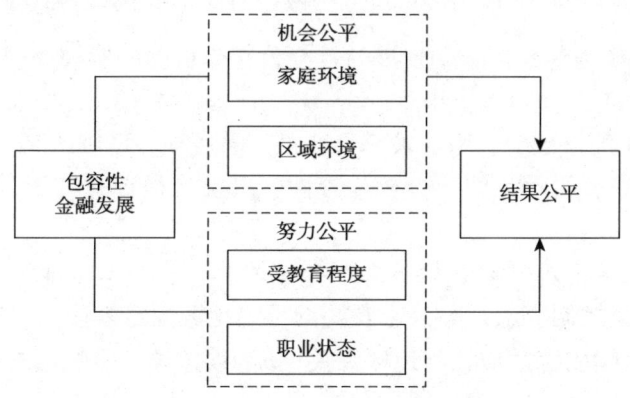

图 4.1 包容性金融发展与实现社会公平

4.2 包容性金融发展影响社会公平的研究策略

4.2.1 模型、变量与数据

1. 模型构建

根据上述分析框架,参考 Roemer(2002,2003)分析的收入不平等的"环境—努力"框架,以及崔艳娟和孙刚(2012)的金融减贫模型,本章构建包容性金融发展影响社会公平的分析模型(4.1)。

$$\text{SF} = f(\text{IFI}, W, E, X) \tag{4.1}$$

其中,SF、IFI、W、E、X 分别表示社会公平度、包容性金融发展、努力变量、环境变量和影响社会公平的外部因素。

将式(4.1)两边取全微分,可得式(4.2)。

$$\text{dSF} = \frac{\partial f}{\partial \text{IFI}} \text{dIFI} + \frac{\partial f}{\partial W} \text{d}W + \frac{\partial f}{\partial E} \text{d}E + \frac{\partial f}{\partial X} \text{d}X \tag{4.2}$$

其中,$\frac{\partial f}{\partial \text{IFI}}$、$\frac{\partial f}{\partial W}$、$\frac{\partial f}{\partial E}$ 和 $\frac{\partial f}{\partial X}$ 分别表示包容性金融发展的边际公平倾向、努力变量影响的边际公平倾向、环境变量影响的边际公平倾向及影响社会公平的外部因素的边际公平倾向。该模型解释了包容性金融发展、环境变量(机会公平)、努力变量(努力公平)影响社会公平的效应。

为便于进行回归分析,以 α_1、α_2、α_3 和 γ 分别替换式(4.2)中的 $\frac{\partial f}{\partial \text{IFI}}$、$\frac{\partial f}{\partial W}$、$\frac{\partial f}{\partial E}$ 和 $\frac{\partial f}{\partial X}$,同时以 sf、ifi、$w$、$e$ 和 x 替换相对应的变量,将式(4.2)可以改写为式(4.3),并作为包容性金融发展与社会公平分析的一般模型应用。

$$\text{sf}_{i,t} = \beta_0 + \alpha_1 \times \text{ifi}_{i,t} + \alpha_2 \times w_{i,t} + \alpha_3 \times e_{i,t} + \gamma \times x_{i,t} + \varepsilon_{i,t} \tag{4.3}$$

在式(4.3)的基础上,增加被解释变量的滞后项,可以改写为动态面板数据模型,如式(4.4)所示,用于分析包容性金融发展是否有利于实现社会公平的检验。

$$\text{sf}_{i,t} = \beta_0 + \alpha_0 \times \text{sf}_{i,t-1} + \alpha_1 \times \text{ifi}_{i,t} + \alpha_2 \times w_{i,t} + \alpha_3 \times e_{i,t} + \gamma \times x_{i,t} + \lambda_t + u_i + \varepsilon_{i,t} \tag{4.4}$$

其中,$x_{i,t}$ 为一组控制变量;u 为未观测的特定地区固定效应,与时间无关;λ 为未观测的特定时间固定效应,与地区无关;ε 为误差项,服从通常的假设;i 为省(区、市);t 为时期;α 为待估计系数。

2. 变量说明

（1）包容性金融发展（ifi）。这里以第2章构建的包容性金融发展指数计算，包容性金融发展指数越大，说明该地区的包容性金融发展水平越高。

（2）社会公平度（sf）。这里以第3章构建的社会公平度指数计算，该指数越大，说明社会公平度越高。

（3）环境变量（e）。这里的环境变量即机会不平等，主要是不可控的环境，如家庭背景因素和个体特征因素等，具体包括性别属性（男性比例）、婚姻状况、年龄结构、家庭规模、户籍，以及所在地区容易导致代际传递的特征，如教育水平（财政投入）、地区属性。这是个人行为不受个体控制的因素。参考 Bourguignon（2007）、龚锋等（2017）、史新杰等（2018）基于调查数据的相关研究，以及本书的研究目的和数据的可获性，将地区性别比例、年龄结构作为环境变量。其中，性别比例以男性占比计算，年龄结构以 15~64 岁人口占比计算。这两个变量也用于测度来源于家庭环境的影响。

（4）努力变量（w）。在 Roemer（1993）的"环境—努力"框架中，努力是自身选择的可控制影响因素。后来很多学者将其应用于分析收入不平等时，称之为"努力不平等"（Marrero and Rodríguez，2013）。其与不可控的环境因素形成的"机会不平等"，共同影响了社会公平的实现。根据 Roemer（1993）的思路，这里用受教育程度和职业状态作为努力变量，虽然这些变量基本也会受到环境变量的影响，但个体可以控制，也可以为其选择负责。

个体受教育程度（edu）指的是个体受教育水平，也是省级层面的人力资本积累。相关的衡量指标有小学入学率、中学入学率或政府对中小学的教育支出费用等（杨俊等，2006）。但是，由于我国实施的是九年义务教育，升学率这一指标不能恰当地反映受教育水平。此外，教育支出/财政总支出也是常用的计算方法，但这一指标不受个体控制。因此，考虑以上情况，借鉴 Barro（2000）的方法，这里用平均受教育年限计算，具体方法如式（4.5）所示。

$$\mathrm{edu}_k = \sum \mathrm{eyear}_k \times (\mathrm{pop}_k / \mathrm{POP}) \tag{4.5}$$

其中，eyear 表示受教育年限（文盲 0 年、小学 6 年、初中 9 年、高中 12 年、大专及以上 16 年）；pop_k 表示受 k 类教育人数；POP 表示总人数。受教育水平在一定程度上反映了人力资本对地区社会公平实现的影响。

地区职业状态采用通常的做法，以就业率计算。鉴于这里分析的是地区就业水平对社会公平的影响，因此没有将"工作时间"纳入进来。事实上，除了可控的努力外，还有不可控因素的影响。这里借鉴 Roemer（2000）、龚锋等（2017）的"识别假设"和微观数据的分析方法〔按年分组后，将各省（区、市）人均地区生产总值由低到高排序]，以收入的相对分位来衡量不可测的努力程度的高低。一般在给定的环境下，收入是努力的单调递增函数，因此，在特定环境下，收入分位越高，付出的努力越多。收入的相对分位可以作为所有付出努力的综合反映。

（5）金融发展波动（efdv）。随着金融供给侧改革的推进，我国金融发展水平不断提高，并能够减少贫困，但金融发展的波动将降低这一效应（崔艳娟和孙刚，2012）。Garcia（2016）分析了包容性金融发展与金融波动的关系，认为二者是相生相伴的。由此，这里将这一变量加入，用以分析其对包容性金融发展实现社会公平效应的影响。

金融发展规模是金融发展的重要测度指标之一，常用 M2/GDP（麦氏指标）、金融相关比率（戈氏指标）衡量，但我国分省（区、市）的广义货币供应量（M2）、金融市场发展指标等数据无法获取，同时考虑到不发达国家国内信贷的作用，银行贷款/GDP 也可以作为衡量指标（Arestis et al.，2001）。根据我国金融发展的"银行主导"特点（Allen et al.，2005），同时考虑分省（区、市）数据的获得性，这里采用存贷款总额/地区生产总值作为金融发展规模指标，并借鉴 Jeanneney 和 Kpodar（2005，2008）的做法，采用包容性金融发展增长率残差的绝对值测度金融发展波动，具体根据式（4.6）和式（4.7）计算。

$$vx = \frac{1}{n}\sum_{t=1}^{n}|\varepsilon_t| \tag{4.6}$$

其中，vx 表示变动的波动性指标；ε_t 表示所计算变量的残差，以方程（4.7）计算。

$$x_t = a + bx_{t-1} + \varepsilon_t \tag{4.7}$$

（6）其他控制变量。为了增加模型的准确性，考虑影响包容性金融发展与社会公平的区位因素、制度因素等，为避免变量过多带来的过度选择问题，这里仅选择经济开放度和产业结构作为控制变量，用以分析外部因素对实现社会公平的影响，同时也可以作为规则公平的代理变量，用以分析对社会公平实现的影响。

经济开放程度（open）。经济开放能促进具有比较优势产业的发展，从而有利于贫困减缓，实现社会公平，但是，我国很多地区实施的是产业非农化政策，这是政府赶超政策实施的结果，因此，不符合比较优势和资源禀赋的国际贸易基础（林毅夫，1994），也就是说，其对社会公平实现的影响可能是不确定的。这里以其作为外部影响因素之一，用以分析地区经济开放的影响。依据国际常用方法，采用对外进出口贸易额/地区生产总值计算，其中汇率按当年平均价格计算。

产业结构（ind）。产业结构通常以第一、第二或第三产值比重表示。根据配第-克拉克定理，第二、第三产业产值比重上升即产业结构优化。第二、第三产业的扩张，在一定程度上能够促进就业，从而有利于实现社会公平，但同时也会对农业产生一定的冲击，导致对于底线公平和城乡收入分配产生不利影响，进而对

第 4 章 包容性金融发展与社会公平的实现

实现社会公平不利。这里用第三产业产值/第二产业产值测度产业结构，用以反映产业结构升级对实现社会公平的影响。各变量定义与计算方法如表 4.1 所示。

表 4.1 各变量定义与计算方法

变量符号	指标含义	变量计算
sf	社会公平度指数	社会公平度指数（参见 3.2 节）
ifi	包容性金融发展指数	包容性金融发展指数（参见 2.3 节）
环境变量		
male	性别结构	男性占比
age	年龄结构	15~64 岁人口占比
努力变量		
edu	个体受教育程度	平均受教育年限
emp	职业状态	就业率
opp	不可测的努力	收入的相对分位
外部因素		
efdv	金融发展波动	存贷款余额/地区生产总值增长率的残差
open	经济开放程度	对外进出口贸易额/地区生产总值
ind	产业结构	第三产业产值/第二产业产值

为避免变量内生、异方差及数据变动幅度过大的影响，同时提高计量分析的稳健性，以上变量中除金融发展波动、社会公平度指数、包容性金融发展指数和虚拟变量外，其他变量均取自然对数。

3. 样本数据与处理

由于西藏部分数据缺失，本章所用样本不包括西藏地区，同时也不包括香港、澳门和台湾地区，实证所用样本共 30 个省级行政单位。尽管我国早期就有金融发展减贫的实践，但在包容性金融发展理念下开始的实践起源于 2005 年小额信贷。同时考虑数据的可获性，本书将样本时间区间设置为 2006~2018 年。

样本原始数据来源于 2007~2019 年的《金融统计年鉴》《中国统计年鉴》和各省（区、市）统计年鉴，并整理计算。样本变量基本统计特征如表 4.2 所示。

表 4.2 样本变量基本统计特征

变量	观测值	最小值	最大值	平均值	标准差
ifi	390	0.032	0.880	0.127	0.152
sf	390	0.148	0.840	0.514	0.140

续表

变量	观测值	最小值	最大值	平均值	标准差
male	390	3.886	4.001	3.933	0.017
age	390	4.166	4.429	4.297	0.048
edu	390	6.594	12.028	8.561	0.936
emp	390	4.553	4.593	4.570	0.007
opp	390	1.000	3.000	2.133	0.764
open	390	0.518	5.149	2.887	0.976
ind	390	3.910	6.075	4.541	0.388
efd	330	−1.145	0.230	0.129	0.099

从表 4.2 中可以看出，社会公平度指数（sf）、包容性金融发展指数（ifi）、环境变量和努力变量均存在较大差异，为本章进一步分析提供了基础。

表 4.3 给出了社会公平度指数（sf）与主要解释变量间的相关性检验[①]。根据系数矩阵，可以初步判断包容性金融发展与社会公平实现之间存在显著的正相关关系，而环境变量（机会公平）和努力变量（努力公平）均对社会公平有着重要影响。

表 4.3　Pearson 和 Spearman 相关系数矩阵

变量	sf	ifi	male	age	edu	emp
sf	1.000 (0)	0.551 (0)	−0.310 (0)	0.755 (0)	0.614 (0)	−0.001 (0.984)
ifi	0.511 (0)	1.000 (0)	−0.127 (0.012)	0.460 (0)	0.568 (0)	0.303 (0)
male	−0.277 (0)	−0.038 (0.459)	1.000 (0)	−0.187 (0)	−0.097 (0.055)	0.191 (0)
age	0.757 (0)	0.509 (0)	−0.141 (0.005)	1.000 (0)	0.731 (0)	0.008 (0.879)
edu	0.665 (0)	0.702 (0)	−0.093 (0.066)	0.746 (0)	1.000 (0)	0.116 (0.022)
emp	0.125 (0.013)	0.199 (0)	0.210 (0)	0.111 (0.028)	0.300 (0)	1.000 (0)

注：上三角为 Spearman 检验结果，下三角为 Pearson 检验结果；括号内为 P 值

---

① Spearman 检验可以衡量两个变量之间关系强弱性的秩统计参数，Pearson 检验定距变量之间的线性关系。二者的相关系数在 −1~1。

4.2.2 模型的检验方法

1. 动态面板数据模型

本章采用的是 2006~2018 年我国 30 个省（区、市）的动态面板数据，具有"大 N 小 T"的特征，同时，回归模型中包含了被解释变量的滞后项，因此，动态面板估计较为适用（Roodman，2006）[①]。

动态面板估计的基本形式如下：

$$y_{i,t} = \delta y_{i,t-1} + \gamma X_{i,t} + \mu_i + \varepsilon_{i,t} \tag{4.8}$$

其中，$y_{i,t}$ 为被解释变量；$y_{i,t-1}$ 为被解释变量的滞后项；X_{it} 为 $k \times 1$ 阶回归变量列向量（包括 k 个回归量）；δ 为系数；γ 为 $k \times 1$ 阶回归系数向量；μ 为非观测截面个体效应；$\varepsilon_{i,t}$ 为随机扰动项；i 为第 i 个样本，$i = 1,2,\cdots,N$；$t = 1,2,\cdots,T$。

动态面板数据一个突出的优点，就是通过控制固定效应较好地克服了变量遗漏问题，而且还较好地克服了反向因果性问题。但是，在动态面板数据模型中，因变量的滞后项作为解释变量，有可能导致解释变量与随机扰动项相关，导致内生性问题，且模型具有横截面相依性，如采用传统的方法，估计量必须满足某些假设，如模型的随机误差项服从正态分布或某一已知分布。传统的普通最小二乘（ordinary least square，OLS）估计将产生向上的偏差，广义最小二乘（generalized least square，GLS）估计也会有偏差，而固定效应模型进行估计将产生向下的偏差，导致参数估计值将是有偏的、非一致的，推断的经济学含义也会发生扭曲。Arellano 和 Bond（1991）、Arellano 和 Bover（1995）、Blundell 和 Bond（1998）等提出并发展的广义矩（generalized method of moments，GMM）估计[②]，很好地解决了上述问题。

2. 系统 GMM 估计的估计思想

GMM 估计包括一阶差分 GMM 估计和系统 GMM 估计。Arellano 和 Bond（1991）通过对模型差分，并在一定条件下设置差分值的工具变量，得到差分 GMM 估计量，通过差分消除了非观测截面个体效应，有效地克服了内生性和残差的异方差问题，但差分同时消除了不随时间变化的其他变量，导致弱工具性问题出现，实际回归时常出现 Sargan 检验显著被拒绝的问题，使得差分 GMM 估计有时并非有效

[①] Roodman（2006）认为以下五种情况适用于动态面板估计：截面单元 N 较大，而时序单位 T 较小；因变量和自变量存在线性函数关系；包含因变量滞后项的动态模型；自变量不是严格外生的；存在非观测的固定效应。

[②] 为避免传统方法和小样本估计的偏差，这里采用系统 GMM 估计方法进行估计，这一方法回归时用解释变量滞后项作为工具变量，无须考虑异方差、序列相关及随机误差项的准确分布信息，并且回归结果更有效。

估计。Arellano 和 Bover（1995）、Blundell 和 Bond（1998）在差分 GMM 估计的基础上，增加了被解释变量差分的滞后项与随机误差正交的矩条件，即系统 GMM 估计。Blundell 和 Bond（1998）以 Monte Carlo 法证明了系统 GMM 估计克服了差分 GMM 估计因为变量很少时在小样本中存在偏差的问题，提高了估计的一致性和有效性。

系统 GMM 估计是基于实际参数满足一定矩条件而形成的一种参数估计方法。它运用工具变量产生相应的矩条件方程，即对估计方程一阶差分，选取合适的工具变量并产生相应的矩条件方程，消除固定效应的影响。再用一组滞后的解释变量作为差分方程中相应变量的工具变量（假设原方程随时间变化的干扰是不连续的相关），从而获得一致性估计。该方法不需要知道随机误差项的准确分布信息，允许随机误差项存在异方差和序列相关，因而得到的参数估计量比其他参数估计方法更有效。

系统 GMM 估计的基本原理[①]如下。

以式（4.8）为基础，进行一阶差分得到式（4.9），即 Arellano 和 Bond（1991）提出的差分 GMM 估计：

$$\Delta y_{it} = \alpha \Delta y_{it-1} + \beta \Delta x_{it} + \Delta \varepsilon_{it} \qquad (4.9)$$

其中，y_{it-1} 为 ε_{it-1} 的函数。通常把 y_{it-2}、Δy_{it-2} 作为工具变量，它们与 Δy_{it-1} 高度相关，而与 $\Delta \varepsilon_{it}$ 不相关。

在此基础上，采用下列矩条件：

$$f(\alpha) = \sum_{i=1}^{n} f_i(\alpha) = \sum_{i=1}^{n} z_i' \varepsilon_i(\alpha) \qquad (4.10)$$

其中，z_i' 为所选取的工具变量向量。

残差项 $\varepsilon_i(\alpha)$ 的表达式为

$$\varepsilon_i(\alpha) = \Delta y_{it} - \alpha_1 \Delta y_{it-1} - \sum_{i=1}^{n} \alpha_i \Delta x_{kit-1} \qquad (4.11)$$

设置目标函数，

$$S(\alpha) = \left[\sum_{i=1}^{n} z_i' \varepsilon_i(\alpha)\right]' H \left[\sum_{i=1}^{n} z_i' \varepsilon_i(\alpha)\right] = f(\alpha)' H f(\alpha) \qquad (4.12)$$

其中，权重矩阵 H 为某一正定矩阵。目标函数极小化时的参数估计量，即系统 GMM 估计量（李群峰，2010）。

系统 GMM 估计适用性主要通过两个检验来验证。第一个是 Hansen 检验，用来检验在过度识别（over-identifying）的情况下工具变量是否准确，其原假设为工具变量是正确的。若检验结果显著时，则拒绝原假设。第二个是序列相关检验，原假设是第二阶系列无相关的误差。若检验结果显著时，则拒绝原假设。Bond 等

[①] 系统 GMM 估计的基本原理参见：巴尔塔基（2010）。

(2001)给出了简单的检验办法,即以系统 GMM 估计值分别与固定效应估计值和混合 OLS 估计值进行比较来判断,混合 OLS 估计通常会严重高估滞后项的系数,而固定效应估计一般会低估滞后项的系数,因此,如果系统 GMM 估计值介于两者之间,那么,系统 GMM 估计结果就是可靠且有效的。

4.3　包容性金融发展影响社会公平的经验检验

4.3.1　主要估计结果

系统 GMM 估计的检验结果如表 4.4 所示,为避免地区效应和时间效应的影响,所有回归中均包含了时间哑变量和地区效应控制变量。表 4.4 列(1)~列(3)分别给出了基本模型的混合 OLS 估计、固定效应估计和系统 GMM 估计结果。列(3)中因变量的滞后项的系数(0.897)介于相应混合 OLS 估计的系数(0.941)和固定效应估计的系数(0.613)之间,因此,系统 GMM 估计结果有效。此外,系统 GMM 估计结果的 Hansen 检验和 AR(2)的检验结果也表明了方法的合适性。社会公平(sf)滞后项的符号为正,且高度显著,说明底线公平代际相传的特点存在于社会公平指数中。从列(3)看,包容性金融发展(ifi)的估计系数为正值,且高度显著,说明包容性金融发展有利于实现社会公平,包容性金融发展对实现社会公平的贡献度约为 6%。

表 4.4 列(4)~列(7)为逐步加入环境变量、努力变量和外部环境变量的估计结果,列(8)是包含所有变量的估计结果。我们发现,包容性金融发展的系数均为正值,这说明,从整体来看,我国包容性金融发展有助于社会公平的实现,从贡献度看,包容性金融发展每提升 1%,将有助于提升社会公平度 2%~6%。若将包容性金融发展对实现社会公平的累计效应考虑进来,则包容性金融发展对实现社会公平的累计效应为 11%~27%[①]。金融发展波动对实现社会公平不利。列(6)是在增加环境变量和努力变量的基础上,加入金融发展波动(efdv)这一变量,用以分析金融发展(金融发展规模)的稳定对实现社会公平的影响。从检验结果看,估计系数显著为负值,说明金融发展波动对实现社会公平不利。与列(5)不含金融发展波动的估计结果对比可知,在环境变量和努力变量的共同作用下,包容性金融发展有利于社会公平的实现,但金融发展的波动会抵消这一效应。金融发展稳定有利于提高包容性金融发展实现社会公平的效应。

---

① 累积系数=自变量系数/(1-因变量滞后项系数)。参见叶志强等(2011)。

表 4.4 包容性金融发展对社会公平的影响（系统 GMM 估计）

变量	混合 OLS (1)	固定效应 (2)	系统 GMM (3)	(4)	(5)	(6)	(7)	(8)	(9)	逐步回归 (10)	(11)
sf(−1)	0.941*** (58.17)	0.613*** (14.45)	0.897*** (17.98)	0.828*** (15.07)	0.845*** (8.03)	0.789*** (6.14)	0.916*** (8.03)	0.608*** (3.52)	0.593*** (3.88)		
ifi	0.035** (2.30)	0.110 (0.93)	0.058** (2.22)	0.046*** (3.45)	0.032* (1.79)	0.023* (1.82)	0.053*** (2.95)	0.117# (1.51)	0.487* (1.95)	0.142*** (3.20)	0.154*** (3.20)
age				0.177* (1.66)	0.211 (0.76)	0.308 (1.39)	0.120 (1.02)	0.754*** (2.73)	0.765** (2.56)	1.651*** (12.12)	1.746*** (16.18)
male				−0.546 (−1.32)	−0.092 (−0.41)	−0.112 (−0.42)	−0.012 (−0.03)	−0.185 (−0.47)	−0.088 (−0.40)	−1.435*** (−5.51)	−1.318*** (−5.02)
edu					0.003 (0.24)	0.003 (0.19)	0.010 (0.64)	0.003 (0.14)	0.007 (1.31)	0.018** (2.11)	
emp					0.128 (0.07)	0.175 (0.08)	0.511 (0.22)	0.789 (0.42)	0.989 (0.24)	1.41* (1.85)	1.918*** (2.61)
efdv						−0.017*** (−2.68)					
opp							0.004 (0.77)				0.021*** (3.18)
open								0.002 (0.22)	−0.009 (−0.94)	−0.027* (−1.83)	
ind								−0.049 (−0.53)	−0.057 (−1.04)		−0.022# (−1.46)
分细样本量	30	30	30	30	30	30	30	30	27	30	27

续表

变量	混合OLS	固定效应		系统GMM						逐步回归	
	(1)	(2)	(3)	(4)	(5)	(6)	(7)	(8)	(9)	(10)	(11)
N	360	360	360	360	360	330	360	360	324	390	390
R^2	0.936	0.923								0.638	0.566
AR(2)			0.204	0.241	0245	0.307	0.222	0.596	0.725		
Hansen检验			0.992	0.934	1.000	0.967	0.727	1.000	0.951		

***、**、*、#分别表示在1%、5%、10%、15%的水平下显著 sf(−1) 为社会公平变量的滞后项; 括号内为各统计量的 t 值; 回归方程中控制了时间效应和地区效应; 未报告截距项

考察其他控制变量，我们发现，在环境变量中［如表4.4列（5）］，年龄结构（age）的回归系数为正值，说明适龄人口越多，家庭负担可能越少，家庭免于陷入贫困或增加收入的机会就越多，从而该地区的社会公平度越高。这与张勋等（2019）[①]关于少儿和老年抚养比对家庭收入影响的分析保持了一致。性别结构（male）计算的男性占比的估计系数为负值，这在一定程度上说明在大部分地区性别歧视的存在可能不利于实现社会公平。罗良文和茹雪（2019）采用中国社会综合调查（Chinese general social survey，CGSS）项目数据分析了性别对收入分配不平等的影响，发现男性比女性更能影响个体收入。也就是说，性别能够解释收入分配的不公平。同样，尽管使用了不同的数据，但是就性别影响收入而言，本章与罗良文和茹雪（2019）保持了一致，也为社会公平中机会公平的研究提供了新的证据支持。个体受教育程度（edu）和职业状态（emp）作为努力公平的变量，估计系数均为正值，说明在实现社会公平的过程中，后天的努力有助于实现社会公平，地区受教育水平和就业水平越高，意味着个体努力程度越高，实现社会公平的可能性越大[②]。列（7）是增加了所有不可测的努力（opp）变量的估计结果，用以分析不可测的努力的影响。从估计结果看，系数为正值，说明不可测的努力有利于实现社会公平，但并不显著。努力变量的影响仍以受教育水平和就业影响为主。Park和Mercado（2015）研究发现，教育水平的提高有利于实现减贫，从而实现社会公平。在这一观点上，本章与其保持了一致。教育水平不仅关系贫困减缓的程度，也是提高金融包容水平的重要影响因素（郭田勇和丁潇，2015）。此外，地方经济开放程度有利于实现社会公平，产业结构变化导致对农业的冲击，这可能对实现社会公平不利。

环境变量的年龄结构、性别结构，努力变量的个体受教育程度和职业状态等基本不显著，可能的原因是这些变量部分来源于抽样调查数据，这些变量对于大部分家庭而言变化很小，有可能被地区固定效应吸收。另外一个原因可能在于变量多重共线性的影响。

4.3.2 稳健性检验

这里采用逐步加入解释变量、改变样本和变换估计方法对稳健性进行检验。第一，逐步加入解释变量，检验结果如表4.4列（4）~列（8）所示。从估计

---

① 该文献作者采用的是中国家庭追踪调查（China family panel studies，CFPS）数据进行的分析。本书中这一变量是抽样数据。尽管数据不同，但基本结论一致。

② 努力水平在很大程度上会受到家庭环境的影响，当将该条件纳入考虑时，个体受教育程度和职业状态是收入分配公平的重要解释。罗良文和茹雪（2019）以联立方程的方式给予了证明。

结果看，主要变量的估计符号未发生变化，包容性金融发展对实现社会公平具有积极的作用。检验结果稳定。

第二，考虑北京、上海、天津三个地区的经济和金融发展水平高于其他地区的实际，将这三个地区的样本数据从总样本中移除，重新进行回归，结果如表4.4列（9）所示。主要变量的估计符号未发生变化，但包容性金融发展实现社会公平的程度明显增大。

第三，考虑变量过多可能带来的多重共线性，以及所导致估计结果的偏差问题。本章检验多重共线性后，采用向后逐步回归（P=10%）的方法重新进行回归，估计结果如表4.4列（10）、列（11）所示，列（10）给出的是30个省（区、市）作为样本的估计结果，列（11）给出的是27个省（区、市）（将北京、上海、天津三个直辖市从样本中移除）作为样本的估计结果。主要变量的回归系数符号未发生变化，且通过逐步回归将部分变量移除后，主要变量的显著性明显提高。

第四，本章使用混合OLS方法再次进行回归，结果如表4.5所示，包容性金融发展对实现社会公平有着积极的促进作用。从逐步增加变量的估计结果看，主要估计结果未发生变化。检验结果稳定。

表4.5 包容性金融发展对社会公平的影响（混合OLS）

变量	（1）	（2）	（3）	（4）	（5）
sf(−1)	0.916*** (38.19)	0.918*** (37.80)	0.953*** (49.38)	0.916*** (35.57)	0.916*** (36.86)
ifi	0.030* (1.86)	0.036* (1.81)	0.011 (0.66)	0.038# (1.64)	0.038# (1.61)
male	−0.117 (−1.42)	−0.127 (−1.52)	0.040 (0.41)	−0.180 (−1.46)	−0.183 (−1.47)
age	0.052 (1.07)	0.061 (1.15)	−0.039 (−0.64)	0.077 (1.03)	0.079 (1.02)
edu		−0.002 (−0.52)	0.001 (0.29)	−0.002 (−0.38)	−0.002 (−0.38)
emp		0.143 (0.60)	0.011 (0.04)	0.263 (0.70)	0.252 (0.65)
efdv			−0.018 (−1.15)		
opp				0.003 (0.09)	
open				0.003 (0.89)	0.003 (0.76)
ind				−0.004 (−0.47)	−0.004 (−0.51)
截距项	0.222 (0.62)	−0.419 (−0.38)	−0.017 (−0.01)	−0.831 (−0.47)	−0.773 (−0.43)

续表

变量	(1)	(2)	(3)	(4)	(5)
N	360	360	330	360	360
R^2	0.936	0.936	0.963	0.939	0.939

***、**、*、#分别表示在1%、5%、10%、11%的水平下显著

注：sf(-1)为社会公平变量的滞后项；括号内为各统计量的 t 值；回归方程中控制了地区和时间哑变量

这里需要说明的是，在回归分析中，包容性金融发展和社会公平两个变量分别采用了包容性金融发展指数和社会公平度指数计算，这两个变量本身就是多指标综合测度的结果，因此，这种变量处理方法在一定程度上克服了内生性问题的影响。此外，在回归分析时，因变量滞后项的加入及系统 GMM 估计的使用，也有利于降低内生性问题的影响。因此，综合来看，本章经验检验结果是稳定的，包容性金融发展有利于实现社会公平。

综上，本章根据构建的包容性金融发展指数，以我国 2006~2018 年 30 个省（区、市）的动态面板数据模型，用系统 GMM 估计对包容性金融发展实现社会公平的效应进行检验，主要结论如下。

（1）社会公平滞后项的符号为正，且高度显著，说明底线公平代际相传的特点存在于社会公平中。

（2）包容性金融发展有利于实现社会公平。从贡献度看，包容性金融发展每提升 1%，将有助于提升社会公平度 2%~6%。若将包容性金融发展对实现社会公平的累计效应考虑进来，则包容性金融发展对实现社会公平的累计效应为 11%~27%。

（3）金融发展波动对实现社会公平不利，它会抵消包容性金融发展的积极效应。稳定的金融发展才有利于实现社会公平。

（4）以年龄结构、性别结构作为机会公平的代理变量，用于分析不可控环境的影响，发现适龄人口越多，社会公平度越高。男性占比越大时可能越不利于实现社会公平。

（5）以个体受教育程度、职业状态作为努力公平的变量，发现回归系数均为正值，说明在实现社会公平的过程中，后天的努力有助于实现社会公平，地区受教育水平和就业水平越高，意味着个体努力程度越高，实现社会公平的可能性越大。同时，以组内人均地区生产总值排序识别不可测的努力因素的影响，发现这部分努力有利于实现社会公平，但并不显著。努力变量的影响仍以受教育水平和就业影响为主。

（6）经济开放程度、产业结构对实现社会公平的影响不同，经济开放有利于实现社会公平，但产业结构调整影响的时间滞后性，短期内会带来收入差距的扩大，对实现社会公平不利。

4.4 发挥包容性金融发展实现社会公平的作用

社会公平是同时涉及社会学和经济学的问题,近年来,随着金融发展理论的扩展和包容性金融发展实践的推进,金融发展与社会公平的研究成为当前研究的热点问题之一。作为金融发展重要方式之一的包容性金融发展,能够突破传统金融的服务边界,通过提供弱势群体对金融服务的可获性,提高资源配置效率,进而促进包容性增长和实现社会公平。

本章从底线公平和分配公平两个维度选取 8 个指标构建社会公平度评价指标体系,并计算分析我国 2006~2018 年不同地区的社会公平度的地区差异。进一步,本书根据 Roemer（1993）的"环境—努力"框架、崔艳娟和孙刚（2012）的金融发展减贫模型构建了包容性金融发展实现社会公平的"金融—环境—努力"分析框架,探讨了我国包容性金融发展实现社会公平的作用。在机理的验证中,本章以 2006~2018 年我国省级动态面板数据,用可以降低内生性影响的系统 GMM 估计方法,检验了包容性金融发展、环境变量（机会公平）、努力变量（努力公平）对社会公平实现的影响。结果表明,包容性金融发展有利于实现社会公平,但这一效果又会受到金融发展波动的影响。机会公平和努力公平均表现出对实现社会公平的重要影响,其中适龄人口越多,社会公平度越高,性别比例失衡可能不利于实现社会公平;高的个体受教育程度和就业水平有利于实现社会公平。此外,经济开放有利于实现社会公平,而产业结构调整短期内对实现社会公平影响不利。

综上,结合上述结论,建议在推动包容性金融发展时,区别于财政转移、社会贫困救助对贫困减缓的作用（何德旭和苗文龙,2015）,在增加金融服务主体机构、扩大服务范围的同时,考虑金融服务效度和稳定性的影响,通过"大数据"计算手段,提高金融机构的可持续性与对特定群体的包容性,发挥其实现社会公平的积极效应。

第一,规范信贷投向,促进实现底线公平。通过相应的法律、规章制度的制定,规范地方政府取得信贷的条件、信贷投向;地方政府规范弱势群体贷款的使用,发挥信贷减贫的作用。进一步优化信贷结构,重点支持符合国家政策的地方支柱产业、重点基础设施、农业生产等,创新金融发展对服务行业、涉及民生行业等的信贷支持,找准金融与地方经济发展的结合点,实现社会公平。

第二,创新金融产品,提高服务公平。创新金融产品,提供诸如结算、保险、咨询及金融教育等综合金融服务;创新服务方式,如发展流动网点,改善农村、偏远地区金融服务水平,灵活科学地使用利率政策等,形成品种齐全的金融产品,实现包容性金融发展的减贫作用。重视金融服务对周边未设立金融机构的辐射作用，加强对金融知识的宣传和信用环境的培育，充分发挥其对金融空白地区的金融服务作用。

第三，健全小微企业融资渠道，提高收入分配公平。建立健全由孵化器服务平台、多极资金供给服务体系和多层信用担保体系构成的小微企业金融支持体系，促进小微企业发展。其中，孵化器服务平台可以直接为企业提供资助，并且可以为在孵企业提供担保、助推企业创业等服务。多极资金供给体系包括银行信贷融资体系、资本市场融资体系、非正规金融体系及其他辅助金融体系等，从多角度为小微企业成长和发展提供了资金供给。多层信用担保体系包括中央、省、市、县（镇）的多极配套信用管理体系及专门的信用保险公司。

第四，加强金融监管，降低风险的消极影响。在金融监管过程中，重点控制商业银行信贷量的增长及不良贷款，加强发放前的指导、使用过程的监控等环节，以使用指导、相关咨询、提供培训等方式加强对金融产品的监管。建立监管法规的动态跟踪、评价和更新机制，维护金融体系的稳定，降低金融风险的不良影响。

第五，完善金融环境建设，提高金融服务环境公平。加强微观环境建设，健全金融法规、制度，加强金融纠纷案件执行力度，克服地方保护、人情关系的影响，提高对弱势群体的保护。促进金融法制环境建设，适时建立"社区投资法"，优化金融生态环境，避免金融对弱势群体的服务歧视，实现金融的和谐发展。

第 5 章　制度质量对包容性金融发展实现社会公平的影响

党的十八大报告和党的十九大报告均提出"深化金融体制改革，……发展多层次资本市场"，同时党的十八大报告和党的十八届三中全会报告分别提到了"推进制度创新，……，使发展成果更多更公平惠及全体人民"和"实现发展成果更多更公平惠及全体人民，……，坚决破除各方面体制机制弊端"。稳步完善制度环境是我国"多层次、广覆盖、可持续"金融体系建设和包容性金融发展战略实施的重要基础，制度是社会公平正义的重要保障[①]，"要在全体人民共同奋斗、经济社会不断发展的基础上，通过制度安排，依法保障人民权益，让全体人民依法平等享有权利和履行义务"[②]，从而促进包容性金融发展实现社会公平。

从实践上看，包容性金融发展具有提高资源配置效率与公平、减少社会排斥和收入不均、实现社会公平的积极作用（Fergusson，2006；Sen，2010），因此，包容性金融发展已经成为国际社会和业界主流认同的金融发展战略和实践，2016 年 G20 峰会后，包容性金融发展更是成为政策制定者和利益相关者关注的热点。作为 G20 国家的中国，尽管包容性金融发展的理念（周小川，2013）提出不久，但从早期的贴息贷款、保险服务到现在的村镇银行、小额信贷等金融减贫的实践（杨俊等，2008；崔艳娟和孙刚，2012）为我国包容性金融发展积累了重要的实践基础。我国的金融体系发展迅速，基础设施、支付体系、法律监管等不断完善，这是经济市场化的必然推动结果。经济市场化是由一系列经济、社会、法律等制度变迁组成的，1978 年我国实施的"市场渐进"式的经济政策，在促进经济市场化水平提高的同时，也提高了金融发展水平（江春和许立成，2004）。尽管如此，我国金融发展仍存在着地区差异，不平衡、不协调、

[①] 习近平. 切实把思想统一到党的十八届三中全会精神上来//中共中央文献研究室. 十八大以来重要文献选编（上）》，北京：中央文献出版社，2014：553-554。

[②] 习近平在武汉主持召开部分省市负责人座谈会时的讲话（2013 年 7 月 23 日）. 人民日报，2013-07-25.

不持续仍是主要问题，农户（尤其是小农户、小畜牧养殖户和小渔民）、低薪群体（特别是农村外出务工人员）、失业人员（特别是国企下岗职工）的金融需求无法满足（世界银行扶贫协商小组和中国普惠金融工作组，2012）。金融改革实际与预期目标产生差距的重要原因之一就是产权、法律、行政体制、监管等制度的不完善（Demetriades and Andrianova，2005；江春和王鸾凤，2009）。

金融发展中的逆向选择和道德风险问题，决定了制度必然是其重要的影响因素，并对一国的收入有着重要的影响。Chaudhuri 和 Ravallion（2006）认为，收入分配差距有"有益的"，也有"有害的"：促进企业家创新和经济增长的是"有益的"，而反映机会不平等、导致市场失灵的是"有害的"。制度质量的提高有可能会降低"有害的"收入分配差距，而并不必然降低"有益的"收入分配差距。Chong 和 Gradstein（2004）、Carmignani（2007）认为制度质量越低的国家，其收入分配差距就越大，进而会导致贫困增加。Amendola 等（2013）认为产权制度可能会增加对少数富有者的保护，导致收入差距增大，尤其是在缺乏民主的国家，这一效果更为明显。

包容性金融发展需要完善的金融基础设施、创新的金融产品和可行的金融服务渠道等（董昀，2013），而制度是促增长的金融体系构建的决定因素（Casson et al.，2010），制度的完善程度将直接影响金融体系能否公平有效地配置资源，以及改革成果能否实现公平共享。但相关理论的直接探讨较少，当前国外的文献以实证和实践为主，如 Sarma 和 Pais（2011）对金融包容水平的跨国数据分析、Demirgüç-Kunt 和 Klapper（2012b）对特定国家实践案例的探讨等，而国内主要以定性分析为主，如何光辉和杨咸月（2011）关于金融包容模式的阐述、闫海洲和张明珣（2012）对金融包容面临问题与体系建设的探讨。李建军和韩珣（2019）认为良好的制度环境能够降低普惠金融的负面效应。

从现有的文献看，包容性金融发展减贫的作用得到一致认可，同时，本书第3章也提供了包容性金融发展有利于实现社会公平的支持证据，但制度因素与包容性金融发展如何影响社会公平？在实现社会公平的过程中，制度与包容性金融发展之间有何关系？这些问题的厘清，对进一步完善制度建设，提升包容性金融发展促进实现社会公平的作用，有着重要的借鉴意义。本章在前文分析的基础上，对制度质量的变量进行分解，进一步构建动态面板数据，用于分析制度质量、包容性金融发展和社会公平的关系。

5.1　制度影响包容性金融发展与社会公平的机理

包容性金融发展问题是金融发展研究领域的重要构成，作为其理论基础的金融发展理论已经经历了金融结构论、金融抑制与深化论、内生金融中介论及金融发展因素论的变迁。在金融发展因素论的框架下，大量的文献探讨了法律、经济开放、产权等正式制度环境对金融发展的影响。制度与金融的研究较早可以追溯到 La Porta 等（1997，1998）有关法律和产权制度对金融发展的影响。他们认为法律制度和产权制度的差异是各国金融发展差异的重要原因。这一研究开启了以制度因素解释金融发展差异的研究。法律制度对金融发展差异的解释受到很多学者关注，如 Claessens 和 Laeven（2003）、Beck 等（2003）、Roe（2006）等从不同层次提供了"法律、投资者保护、法律实施"对金融发展影响的证据。卢峰和姚洋（2004）研究发现，中国金融存在压抑现象，而提高法治水平能够提高私营部门获取银行信贷的可能性，从而促进金融发展。皮天雷（2010a）认为法治环境和政府行为这两种制度因素均会影响金融发展。很多学者拓展了"法与金融"的研究框架，研究了产权制度（de Soto，2000；Acemoglu and Johnson，2005；Andrianova et al.，2008）、对外开放制度（Beck，2002；Rajan and Zingales，2003；Law，2009）、政治制度（Girma and Shortland，2008；Huang，2010，Roe and Siegel，2011）等对金融发展的作用。还有一部分研究从社会资本（Ostrom，2000；Guiso et al.，2004）、社会道德和文化（Garretsen et al.，2004）等非正式制度视角解释了地区金融发展存在差异的原因，认为制度不完善是金融发展滞后的重要原因。江春和王鸾凤（2009）、滑冬玲和肖强（2012）、Rachdi 和 Mensi（2012）、Mukherjee 和 Dutta（2013）、Marcelin 和 Mathur（2014）分析了多个制度变量所表示的综合指标对金融发展的影响，认为制度质量越高，金融发展水平越发达。

在金融体系运行规则的前提下扩大对弱势群体的金融服务覆盖面，这一包容性金融发展需要有效的产权保护、法律体制和金融监管等正式制度的保障，同时也会受到文化、道德等非正式制度的制约。只有健全的制度，如产权保护、会计与信息披露、法律制度等，包容性金融发展才能发挥其提高社会福利、实现社会公平的作用。促进技术创新和降低交易成本，是制度保证金融合约执行，提高包容性金融发展水平的重要途径，如图 5.1 所示。

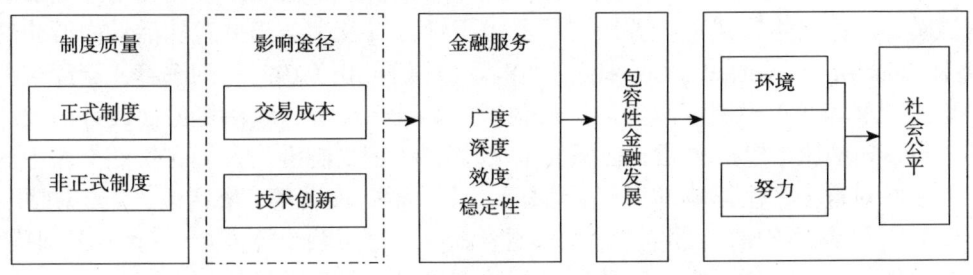

图 5.1 制度、包容性金融发展与社会公平的作用机理

首先，制度环境能够促进金融服务机构技术创新，从而促进包容性金融发展水平的提高。包容性金融服务的提供与需求仍然建立在金融合约基础上。此时，金融机构的服务能力，如放贷能力，取决于贷款人偿债能力。传统的规避风险的方法是在合约中列明一些限制条款，并依赖法治环境、信任、规范等正式和非正式制度的执行。而制度质量的提高，除了能直接约束借贷双方外，还能够促进金融机构的技术创新。良好的制度能够提高投资者保护，降低创新过程的不确定性，从而促进金融新产品、新技术的开发和应用，大大提高金融服务的广度、效度等，如 ATM 网点向农村地区、社区的覆盖、网络金融服务产品的提供等。可以说，制度质量水平较高时，金融机构创新产品的可能性较大，包容性金融发展水平也就可能随之提高。

其次，良好的制度能够降低寻租腐败等产生的交易成本，从而缓解资源配置的低效率问题。在金融合约执行过程中，监管成本较高，导致监管不充分，从而使得金融机构可能面临使用者违约的风险。良好的法律制度与投资者保护等正式制度的提高，能够有效地降低监管成本，从而能够规避这一风险。另外，信任、规范等非正式制度能够有效补充正式制度的约束效应。例如，非正式制度质量较高时，能够较好地提高贷款人与借款人之间的信任程度，金融服务的效度和稳定性得到提高，包容性金融发展水平得到改善。

综上，良好的制度环境能够有效地降低金融机构提供服务的风险并提高效率，以提供金融服务的广度、深度、效度和稳定性，从而提高包容性金融发展水平，进而实现社会公平。

5.2 制度质量的测度与分析

5.2.1 制度与制度质量

North（1990）将制度定义为人类政治、经济与社会相互关系的约束。这一界定被广泛接受，被称为后续研究的基础。作为社会活动的规则，制度通过交易成本激励并规范着生产活动，并决定了其可行性，以及利益相关者从活动中所获的收益（Champernowne and Cowell，1998）。根据 North（1990）的解释，制度被分为正式制度和非正式制度两类。正式制度主要是在经济、政治等方面设计的契约和约束，如法律（包括法规、法源）、产权等；非正式制度是人们在长期交往中约定俗成并对行为产生影响的规范、信任等，如习俗、文化等。俗话说，"无以规矩，不成方圆"，从人们的日常生产、生活看，制度通过影响个体或企业行为保障其利益，但即使是在发达国家，正式制度的约束也只占了很少的比例。因此，非正式制度起到的作用不可忽视。

Scott（1995）认为由认知（cognitive）、规范（normative）和规制（regulation）构成的制度为社会行为提供了稳定性。其中，认知来源于基于文化正统性成员的共同信仰，规范来源于社会信仰习俗，而规制则是制定、监督和执行的规则。后续很多学者，如 Busenitz 等（2000）、Gaur 和 Lu（2007）等基于该界定进行了相关实证研究。宋渊洋和刘靓（2015）也对制度分类进行了较为详细的总结，如表 5.1 所示。

表 5.1 制度的分类

分类		代表性研究
正式制度维度	非正式制度维度	
规制	规范、认知	Busenitz 等（2000）
管理、经济	文化	Ghemawat（2001）
规制	规范（规范/认知）	Xu 等（2004）、Gaur 和 Lu（2007）
产品市场、资本市场、劳动力市场、开放程度	政治和社会系统	Pattnaik 和 Soonkyoo（2007）
政治/规制/法律、经济	文化/规范/认知	Bae 和 Salomon（2010）
经济、金融、政治、管理、人口、知识、全球连通性	文化	Berry 等（2010）
正式制度	非正式制度	Estrin 等（2009）、Dikova（2010）、Schwens 等（2011）

资料来源：宋渊洋和刘靓（2015）

综上，尽管有关制度的界定较多，但基本都认同规则、规制等是制度的重要构成。本书遵循 North（1990）的经典定义，认为制度是社会行为和经济活动的重要规则，有正式制度和非正式制度之分。现代市场经济体系是各类制度综合作用的结果，这里包括了法律制度、产权制度、经济制度等正式制度，也涵盖了道德、社会习惯、文化等非正式制度。

La Porta 等（1999）开创了法与金融研究，他们认为不腐败、产权得到保护、完善的法规、合理的税收应当看作"好"的制度。也就是说，当制度具备了这些特征时，制度质量较高；否则，则相反。Beck 和 Levine（2004）认为，好的制度能够有效保护产权和投资者利益，并且法律执行力较高。邵军和徐康宁（2008）认为完备、具有公信力和执行力的制度体系就是高质量制度。综上，当从正式制度和非正式制度分析制度质量时，对提高经济增长、促进资源分配效率、改善社会福利有利，即制度质量较高；反之，则制度质量较低。

根据定义，制度包括正式的约束，如宪法、法律和产权等，也包括非正式的约束，如风俗习惯、传统、行为准则等。但是，如何准确测度制度质量？这一量化问题通常与研究者的定义有关，且至今没有得到普遍的认可。较早的诸如Knack 和 Keefer（1995）认为制度环境主要体现在国家治理水平上，可以腐败、法律规则、官僚品质、政府公信度、产权保护进行测度，这一研究得到了Demetriades 和 Law（2004）的应用。Easterly 和 Levine（1997）将 Knack 和 Keefer（1995）的 5 个指标转换为一个 1~10 的系数，用以测度制度环境，该数值越大，制度环境越好。Baltagi 等（2009）进行了拓展研究，以这 5 个指标的和值测算制度环境。Kaufman 等（2009）再次审视了制度环境的测量维度，他们从言论自由和问责制、政治稳定性、政府有效性、管制质量、法律条款、控制腐败 6 个维度构建制度环境评价指标，且指标的取值范围为[-2.5, 2.5]，其数值越大，制度环境越好。这一指标曾被欧洲复兴开发银行和国际货币基金组织引用，认可度较高。Kunčič（2009）从法律制度、政治制度和经济制度 3 个维度测度了制度质量。

我国学者对制度的测度主要分成两类。一类是根据已有的研究选择相应的指标对制度质量进行测度。例如，黄俊和张天舒（2010）以产权保护、市场发展、财政赤字和地方保护主义 4 个指数测度制度环境。鲁晓东和连玉君（2011）用基础设施（地区人均公路里程）、实际外资存量、改革（非国有工业增加值/总工业增加值）、政府支出（财政总支出/地区生产总值）作为制度的代理变量。部分学者在实证研究中采用了综合指标的方式，如张天舒（2013）以知识产权保护、地方保护主义、非国有经济作为制度环境的维度，并采用主成分分析法构造了综合指标用以衡量制度。Cui 和 Liu（2016）以社会资本作为非制度环境的代理变量，分析了其对小额信贷包容发展的影响。

另一类是用樊纲等（2011）的市场化指数对制度进行测度。樊纲等（2011）的市场化指数（表 5.2）经常被用于制度环境的代理变量[①]，并应用于宏观、微观领域的研究。微观领域，如丁烈云和刘荣英（2008）用"要素市场的发育程度"度量制度环境，分析其与股权和高管变更的关系。韩亮和徐业坤（2010）、李维安和徐业坤（2012）等以"市场化中介组织的发育和法律制度环境"测度法律制度环境，程仲鸣等（2008）、张洪辉和王宗军（2010）等以"减少政府对企业的干预"测度政府干预程度，刘凤委等（2007）、肖作平（2010）以"政府与市场关系"测度政府干预程度[②]，并分析制度环境对微观企业的影响。

[①] 一般来说，市场化程度较高的地区，制度质量也较高。

[②] 制度环境与企业的相关研究还有很多文献，主要集中在法律环境、政府干预等的影响研究，还有部分文献将之称为外部治理环境。

表 5.2 樊纲等（2011）的市场化指数构成①

指标	指标构成		计算方法	属性
政府与市场的关系	市场分配经济资源的比重		（政府预算内财政支出+政府预算外财政支出）/地区生产总值	负
	减轻农民的税费负担		农户税费上缴/农户家庭纯收入平均值*	负
	减少政府对企业的干预		企业主要管理者花费在与政府部门和人员打交道的时间/其工作时间*	负
	减轻企业的税外负担		企业负担的收费、摊派等/销售收入*	负
	缩小政府规模		以国家机关、党政机关和社会团体年底职工人数/总人口	负
非国有经济的发展	非国有经济在工业企业产品销售收入中所占比例		非国有企业销售收入/工业企业主营业务收入	正
	非国有经济在全社会固定资产总投资中所占比例		非国有企业固定资产投资/总投资	正
	非国有经济就业人数占城镇总就业人数的比例		非国有企业就业人数/城镇总就业人数	正
产品市场的发育程度	价格由市场决定的程度		社会零售商品中价格由市场决定的部分所占比重	正
			生产资料中价格由市场决定的部分所占比重	正
			农产品中价格由市场决定的部分所占比重	正
	减少商品市场上的地方保护		样本企业在全国各省（区、市）销售产品时遇到的贸易保护措施（陈述的件数）/地区生产总值*	负
要素市场的发育程度	金融业的市场化	金融业的竞争	非国有金融机构吸收存款/全部金融机构吸收存款	正
		信贷资金分配的市场化	金融机构非国有贷款比重	正
	引进外资的程度		各地外商及港澳台商投资/地区生产总值	正
	劳动力流动性		外来农村劳动力数/城镇从业人员数	正
	技术成果市场化		技术市场成交额/科技人员数	正
市场中介组织的发育和法律制度环境	市场中介组织的发育		律师人数/总人口	正
			会计师人数/总人口	正
	对生产者合法权益的保护		样本企业对所在地区有关"保护企业合法经营活动"的法制环境进行的评价*	正
	知识产权保护		三种专利申请受理量/科技人员数	正
			三种专利申请批准量/科技人员数	正
	消费者权益保护		消费者协会收到的消费者投诉案件数/地区生产总值	负

*表示抽样调查数据
资料来源：樊纲等（2011）

---

① 所用的 5 个一级指标中，前 3 个指标能够反映经济层面的制度因素，后两个指标则能反映法律层面的因素，因此，很多学者在分析制度与经济、金融的关系时，用该市场化指数作为制度因素的代理变量。

在宏观领域，代表性的研究，如郑志刚和邓贺雯（2010）等采用市场化指数中的"市场中介组织的发育和法律制度环境"度量法律制度环境[①]，分析其对区域金融发展的影响。邓路等（2014）采用市场化指数作为制度环境的代理变量，同时选取非国有经济发展、法律制度环境、金融市场发达程度3个分指标进行测度，并分析其对区域经济增长的影响。陈志勇和陈思霞（2014）用"市场中介组织的发育和法律制度环境"测度制度环境，分析其对政府预算和政府投资的影响。姚耀军（2016）采用腐败[②]度量制度质量，具体指标以我国地区司法公正与效率指数和政府廉洁指数（王小鲁等，2013[③]）测度，并分析其对外资银行进入的影响。崔艳娟等（2018）用法治环境和政府干预作为制度环境的代理变量，分析了制度、自然资源禀赋对企业微观盈余管理的影响。

这些研究为本书提供了重要的参考，但这些文献大部分是正式制度环境的研究，在制度环境变量构成分析中，较少考虑到非制度环境的维度。另外，国外的研究虽然有代表性，但部分测算指标（如法源）的选取不符合我国的实际情况，同时并没有对我国各地区的制度质量进行评价。从相关资料看，樊纲等（2011）的市场化指数在当前的研究中应用较多，但仍然是正式制度的度量。同时，这一指数所包含的5个指标可能属于同一因子，区分效度较差（宋渊洋和刘毵，2015）。

5.2.2 测度指标的选取

依据制度的经典定义，本书将制度分为正式制度和非正式制度，并选取相应的指标对正式制度质量、非正式制度质量及综合制度质量进行测度。基于已有的研究，遵循科学性、全面与重点相结合、可比与可操作相结合、力求精确的原则，同时考虑我国实际，本书选取产权保护与法律保护、政府治理、经济制度三个一级指标测度正式制度环境，用规范与信任测度非正式制度环境。为保持研究的连续性，这里应用崔艳娟（2018）构建的制度质量指数测度，指标体系如表5.3所示。

[①] 这一指标又由若干指标构成（表5.3），因此，在合成指标时，采用主成分分析法和算术平均法两种方法。

[②] 尽管我国很多学者，如周黎安和陶婧等（2009），更多的是选择腐败金额数或者立案数测度腐败，但该文献作者认为该类指标有效性值得商榷。

[③] 王小鲁等（2013）的报告是基于企业负责人主观评价的指数体系，与国际的腐败认知体系较为接近，但仅提供了2006年、2008年、2010年和2012年的数据。

表 5.3 制度质量的测度指标

目标	分类	一级指标	二级指标	定义	属性
制度质量（ins）	正式制度质量（fins）	产权保护与法律保护（law）	产权保护（prop）	专利申请批准量/科技人员数	正
			法律环境（law）	执业律师人数/地区总人口数	正
		政府治理（gov）	政府干预（gint）	政府财政支出/地区生产总值	负
			政府效率（gadm）	行政管理费用支出/地区生产总值	负
		经济制度（busi）	非国有经济发展（nsat）	非国有经济主营业务收入/工业主营业务收入	正
			地方保护（prot）	企业销售时遇到的保护措施（陈述的件数）/地区生产总值	负
			税收制度（tax）	地方税收收入/地区生产总值	正
	非正式制度质量（social）	规范与信任（soc）	社会信任（inter）	互联网（宽带）和电话使用频率的平均值	正
			社会规范（orgn）	民间组织数量/万人	正

1. 正式制度质量的测度指标

（1）维度 1：产权保护与法律保护（law）。

产权保护与法律保护是正式制度质量的基本测量指标。20 世纪 90 年代，La Porta 等（1998）开创了"金融与法"的交叉研究，分析了法律制度（法源）对金融发展的显著影响。La Porta 等（1999，2000，2002，2003）、Laeven 和 Majnoni（2003）等均做了相关研究，证明了法律完善程度与金融发展的正相关关系。这里参考樊纲等（2011）和陈志刚（2013）的研究，采用产权保护和法律环境两个指标测度，其中产权保护以专利申请批准量/科技人员数计算，法律环境用执业律师人数/地区总人口数计算。这两个指标均为正向指标。

（2）维度 2：政府治理（gov）。

政府治理水平是一国政治制度的重要体现。政府治理水平越高，制度质量越高。这里采用政府干预和政府效率两个指标测度。在经济活动中，政府经常被称为"掠夺之手"（Shleifer，1997；Shleifer and Vishny，1998），尤其是在经济转型国家尤为明显（Johnson et al.，2002）。由于市场机制尚未健全，政府在资金融通和分配过程中占有绝对的支配地位（史恩义，2009），而政府官员出于政绩或争夺资源等考虑，往往会利用税收、补贴等财政手段干预企业决策[①]。由此，设置政府干预指标用以测度政府治理水平，并以政府财政支出/GDP 计算，数值越大，说明财政手段被应用得越频繁，对市场干预程度越大，所测度的制

[①] 在我国，适度的政府干预往往能够提高办事效率、降低交易成本（罗党论和唐清泉，2009），此时政府干预又会被描述为"帮助之手"。政府干预的"帮助"或"掠夺"的不确定会导致寻租行为的出现。

度质量越低。该指标为负向指标。

政府效率能够反映地方政府提供服务时的成本与收益关系。我国各地区的地方发展政策存在差异,这里参考以行政管理费用支出/地区生产总值计算,该值越小说明政府效率越高。该指标为负向指标。

这里值得说明的是,政府廉洁应是比较重要的测度指标。政府廉洁经常以腐败进行负向测度。此外,《中国分省企业经营环境指数2013年报告》中政府廉洁指标也可以测量政府廉洁程度,但仅报告了2006年、2008年、2010年和2012年的数据,且缺少部分地区的数据,难以用于各年地区数据的比较。考虑数据可获性与可比性的原则,本书不将这一指标加入进来。

(3)维度3:经济制度(busi)。

这里的经济制度主要是指与企业经营相关的指标。第一,非国有经济发展能够反映经济的活跃程度。这里以非国有经济主营业务收入/工业主营业务收入这一正向指标测度。该指标值越大,说明非国有企业受到干预的程度越低,市场化水平越高。

第二,地方保护。这里采用樊纲(2011)的"企业销售时遇到的保护措施(陈述的件数)/地区生产总值"指标进行测度,用以说明企业经营时的障碍。

第三,税收制度。尽管过重的税负是企业的首要障碍[①],但税收是地方收入的重要来源之一,并且地方税收会直接影响地方经济。由此,在衡量制度质量时,以其衡量税收环境。具体以地方税收入/地区生产总值计算。

2. 非正式制度质量的测度指标

根据相关定义,如风俗习惯、传统、行为准则等为非正式的约束。而在金融与经济发展中,该类非正式约束集中体现在社会规范、道德和文化等方面。在实证测度中,认知与规范难以区分,而文化与认知又有重叠,部分研究将二者合并为一个维度或者以文化进行度量(Bae and Salomon, 2010)。这就使得文化成为非正式制度(social)的一个重要的代理变量。一般来说,文化相同或相近的两个群体,彼此间的信任能够显著地提高,如同乡之间的彼此信任等。Stulz 和 Williamson(2003)以宗教和语言[②]作为文化变量,分析了文化习俗对不同国家投资者保护权利的影响,发现一国的宗教信仰及语言习惯对债权人权利的法律保护及法律的执行效率有着显著的影响,从而与金融发展有着密切的联系。但是,对于我国来讲,无论是宗教还是语言都很难获取省级数据。

[①] 王小鲁等(2013)的各省经营环境报告中显示30.3%的企业负责人将税负列为首要障碍,并认为原因可能与税务机关为完成任务而征收"过头税"有关。某些税务人员徇私舞弊而导致税负畸轻畸重也可能是原因之一。

[②] Weber(1930)认为宗教是资本主义增长的主要决定因素,而相同的语言便于信仰的交流和传播。

社会资本体现出非正式制度的特征，Putnam（1993）认为社会资本是通过合作行动提高社会效率的规范、信任和社会网络。Grootaerl 和 Bastelaer（2002）认为社会资本可以促进个人和组织间的交往，以个体间的相互信任，以及组织形成的规范和社会网络，可以防止机会主义行为产生，从而实现经济的发展。Ferrary（2003）、Hermes（2005）发现社会资本所建立的社会担保在审查贷款、监管、降低贷款风险等方面，都比传统的实体抵押担保更有效率。Ahlin 和 Townsend（2007）研究发现，社会关系在泰国借贷者的自我选择和甄别中存在类似的效果。Rathore（2015）研究发现，社会资本在信息识别和小额贷款执行中的作用不同，与监管压力相比，信任对还款效率的影响更为显著。

从相关研究看，社会资本通常可以通过认知型社会资本和结构型社会资本的相互作用影响经济发展（Krishna and Uphoff, 1999）。认知型社会资本较为主观（杨宇和沈坤荣，2010），表现出规范和信任（Knack and Keefer, 1997）的特征。结构型社会资本则相对客观，常常规范人们的集体行动（Woolcock and Narayan, 2000），并能在一定程度上弥补市场失灵。在实证中，具有代表性的研究，如 Guiso 等（2004）以公投投票率和信任（血液捐献）度量社会资本，首次分析了社会资本对金融发展的影响，认为社会资本与金融发展存在显著的正相关关系。Hong 等（2004）以社会互动测度社会资本对股票市场的影响，认为社会资本越高的地区，其股票市场的参与程度越高。Turvey 和 Kong（2010）采用微观调研数据分析了以信任度量的社会资本与农村非正规金融发展的关系，发现二者呈正比关系。Georgarakos 和 Pasini（2011）实证分析了信任和社交所度量的社会资本与股市参与率之间的关系，认为社会资本是股票市场发展差异的原因。皮天雷（2010b）以信任数据[①]测度社会资本，分析其与法治和金融发展的关系。

基于上述研究，本书结合已有的研究和数据的可获性，以规范与信任所测度的社会资本对非正式制度质量进行度量。先来看社会规范这一指标，通常在同一个组织内的成员会遵守相同规范与规则，也更容易信任彼此。计算方法为民间组织数量/万人。另外，在我国，社会信任往往是基于亲戚和血液关系形成的。作为非正式制度质量的另一个指标，社会信任参照严成樑（2012）的方法，以互联网（宽带）和电话使用频率的平均值测度。其中，互联网（宽带）使用频率以互联网（宽带）接入总数/地区总人口数计算，电话使用频率以固定电话和移动电话使用量/地区总人口数计算，两个指标取平均值用于非正式制度质量中社会信任的测度。与公民参与权测度的方法相比，这两种方法更能反映我国的状况。同时，这一方法在计算数据上也较容易获取。

---

① 信任数据来源于张维迎和柯荣住（2002）的调查及中国输血协会。

5.2.3 制度质量的计算

1. 计算方法

计算制度质量（ins）各指数（正式制度质量指数、非正式制度质量指数和制度质量综合指数）时，参考 Sarma（2008）的方法将指标值转化为 0~1 的数值，以便于横向和纵向的比较，具体方法如下。

首先，根据式（5.1）和式（5.2）将各正向指标、负向指标进行无量纲化处理。其中，X、m、M 分别为各指标实际值、最小值和最大值；d 为无量纲化处理后的指标值。

$$d_i = \frac{X_i - m_i}{M_i - m_i}, \quad m_i \leqslant X_i \leqslant M_i \tag{5.1}$$

$$d_i' = \frac{M_i - X_i}{M_i - m_i}, \quad m_i \leqslant X_i \leqslant M_i \tag{5.2}$$

其次，根据式（5.3）分别计算正式制度质量指数（包括各指标）、非正式制度质量指数及制度质量综合指数。

$$\text{ins} = 1 - \frac{\sqrt{\sum_{i=1}^{n}(1-d_i)^2}}{\sqrt{n}} \tag{5.3}$$

ins 数值越接近 1，说明制度质量越高；越接近 0，说明制度质量越低。

2. 样本与数据来源

样本不包括我国香港、澳门和台湾地区，共 31 个省级行政区划单位。考虑数据的可获性，样本区间设置为 2006~2017 年，本章使用的原始数据分别来源于 2007~2018 年的《中国统计年鉴》《中国科技统计年鉴》《中国工业统计年鉴》《中国律师年鉴》，以及各省（区、市）统计年鉴和各地区律师协会网站。

地方保护指标数据来源于中国市场化指数报告（樊纲等，2011）及我国分省（区、市）市场化指数报告（王小鲁等，2019），其中，樊纲等（2011）仅给出2009 年之前的数据，而王小鲁等（2019）则给出了 2008 年之后的数据，由于二者的计算基期不同，为了保证可比性，将两部分数据合并，并转化为以 2001 年为基期的数据。所有变量均进行了整理计算。

3. 制度质量的计量

根据上述公式，计算 2006~2017 年我国各地区的制度质量指数，各地区平均值如表 5.4 所示。各地区制度质量存在明显的差异，上海、北京、浙江、江苏等东部地区省（市）的制度质量综合指数平均值较高，综合制度质量基本呈现了东部地区高于其他地区的特点。

表 5.4　2006~2017 年各地区制度质量综合指数平均值

地区	2006 年	2008 年	2010 年	2011 年	2012 年	2013 年	2014 年	2015 年	2016 年	2017 年
东部	0.494	0.505	0.515	0.521	0.513	0.514	0.498	0.486	0.496	0.465
中部	0.324	0.328	0.354	0.377	0.365	0.367	0.367	0.361	0.361	0.334
西部	0.304	0.316	0.338	0.366	0.360	0.371	0.365	0.359	0.361	0.352
东北	0.344	0.361	0.388	0.421	0.408	0.402	0.375	0.350	0.353	0.326

表 5.5 给出了制度质量综合指数（zins）、正式制度质量指数（fins）、非正式制度质量指数（social）及正式制度质量指数指标下产权保护与法律保护（law）、政府治理（gov）、经济制度（busi）3 个维度指标的描述性统计特征。从统计特征看，正式制度质量指数及其各构成指标、非正式制度质量指数及制度质量综合指数均存在着较大差异，以制度质量综合指数（zins）为例，其最小值是 0.113，最大值是 0.692，差异较大。整体来看，我国各地区的制度质量基本呈上升趋势，但地区间差异明显。

表 5.5　制度质量综合指数与各级指标的描述性统计

变量	观测值	5 分位数	25 分位数	50 分位数	75 分位数	95 分位数	最小值	最大值	平均值	标准差
zins	372	0.287	0.330	0.369	0.450	0.606	0.113	0.692	0.396	0.104
fins	372	0.318	0.390	0.431	0.517	0.611	0.220	0.745	0.450	0.094
social	372	0.081	0.168	0.260	0.405	0.597	0.001	0.794	0.297	0.165
law	372	0.042	0.110	0.184	0.301	0.450	0.000	0.648	0.208	0.128
gov	372	0.290	0.727	0.797	0.853	0.925	0.258	0.999	0.761	0.155
busi	372	0.247	0.396	0.459	0.560	0.710	0.122	0.797	0.471	0.130

5.2.4 制度质量的地区差异进一步分析

1. 制度质量综合指数的分析

计算各地区 2006~2017 年的制度质量综合指数的平均值，东部地区为 0.501，中部地区为 0.354、西部地区为 0.349、东北地区为 0.373。从各地区制度质量指数的平均值看，东部地区的制度质量平均值明显高于其他地区，东北地区制度质量平均值略高于中部地区、西部地区，中部地区和西部地区的制度质量平均值相差较小。除中部地区各省的制度质量指数相差较小外，其他三大地区内部各省（区、市）的制度质量指数也存在差异，如东北地区最高的是辽宁（0.455）、最低的是黑龙江（0.327）。从地理特征看，呈现出东部沿海地区高于中西部内陆地区的特征。

进一步分析 2006 年、2011 年和 2016 年三个时间点的地区差异变化，如图 5.2~图 5.4 所示。对比图 5.2~图 5.4 四大地区和各省（区、市）的制度质量综合指数的变化，再次清晰地表明了我国制度质量综合指数的区域分布特点：东部地区高于西部地区和东北地区，而西部地区和东北地区高于中部地区。从制度质量综合指数的动态变化特征看，中部地区和西部地区的发展态势要高于东部地区和东北地区，宁夏、重庆、四川和陕西处于西部地区，但相比其他西部地区省（区、市）而言，制度质量综合指数较高，且高于中部地区各省。其中，又以中部地区的江西、安徽和西部地区的广西增速较快。

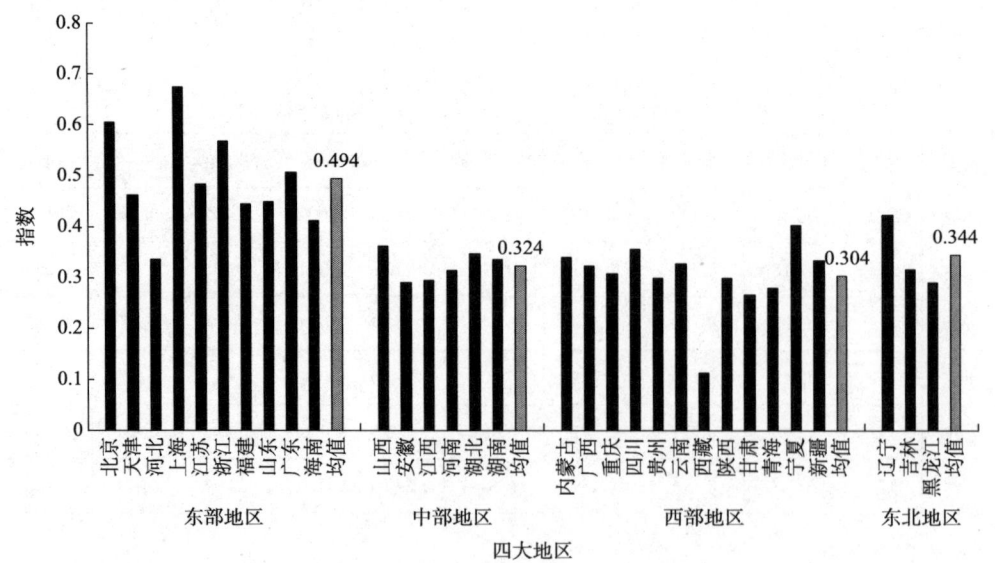

图 5.2 2006 年制度质量综合指数的地区差异

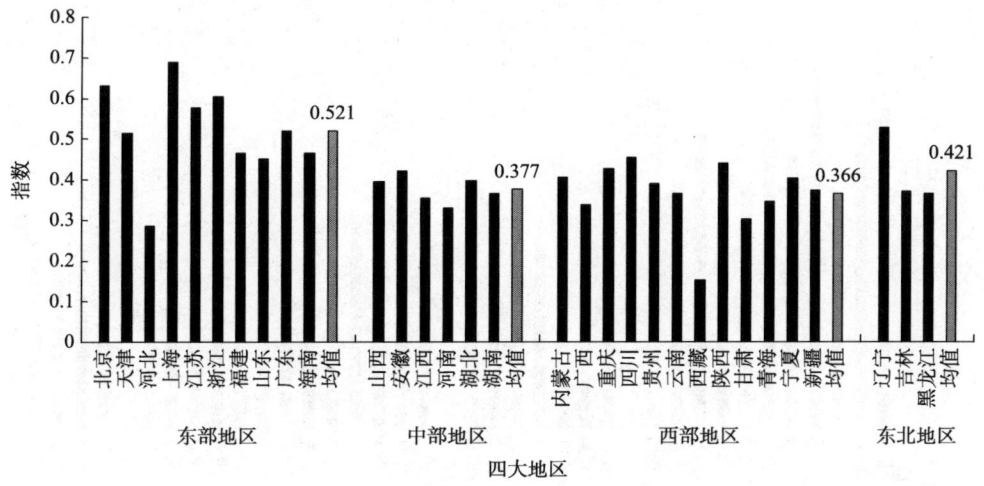

图 5.3　2011 年制度质量综合指数的地区差异

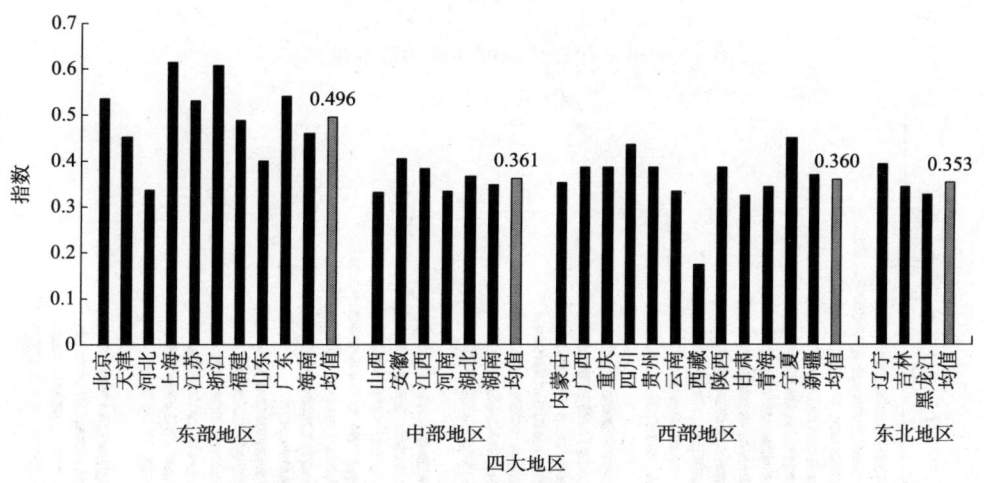

图 5.4　2016 年制度质量综合指数的地区差异

2. 正式制度质量与非正式制度质量的分析

第一，分析正式制度质量指数。图 5.5~图 5.7 给出了 2006 年、2011 年和 2016 年的地区差异分析。整体上，正式制度质量指数表现出与制度质量综合指数相似的地理特征：东部地区明显高于其他地区，中部地区和东北地区高于西部地区，从动态变化看，中部地区和西部地区的正式制度质量指数增速较快。

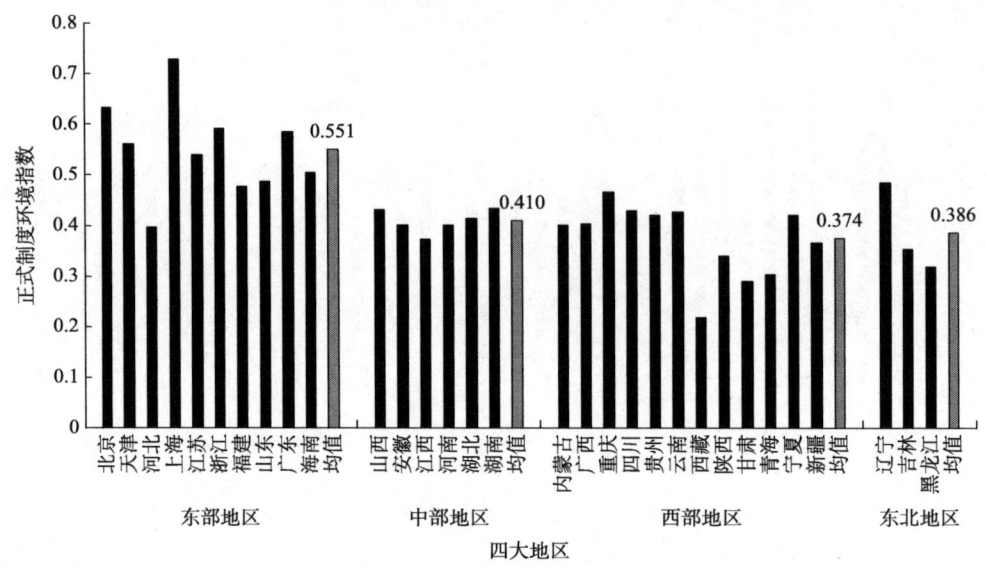

图 5.5 2006 年正式制度质量指数的地区差异

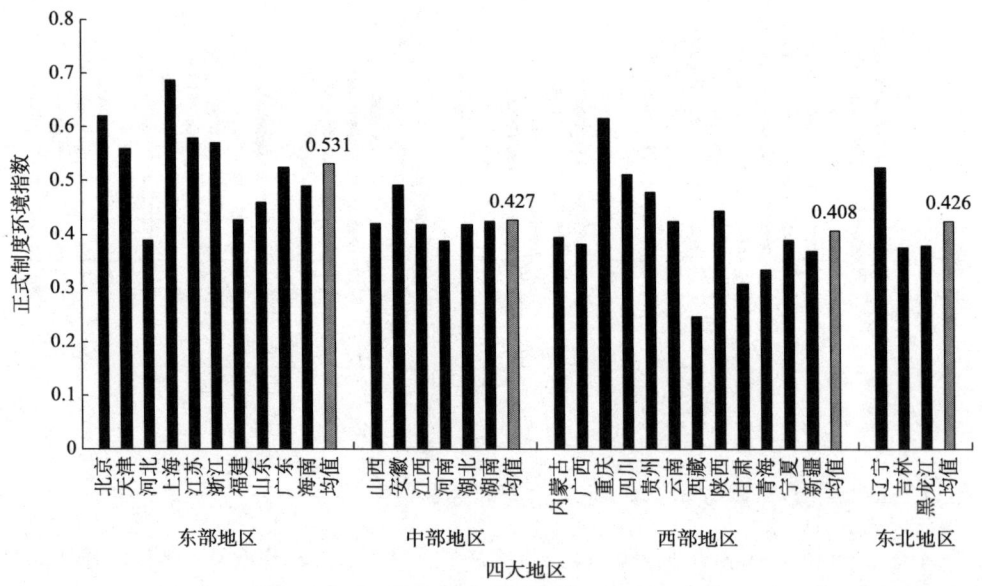

图 5.6 2011 年正式制度质量指数的地区差异

四大地区内部各省（区、市）的差异也比较明显：东部地区的北京、上海、天津、浙江、广东的指数较大，而河北的指数较小；中部地区的山西、湖南、湖北的指数较大，而江西的指数较小，各省间差异较小；西部地区的重庆、宁夏的指数较大，而西藏的指数较小；东北地区的辽宁指数较大，黑龙江和吉林处于内陆地区，指数较小。

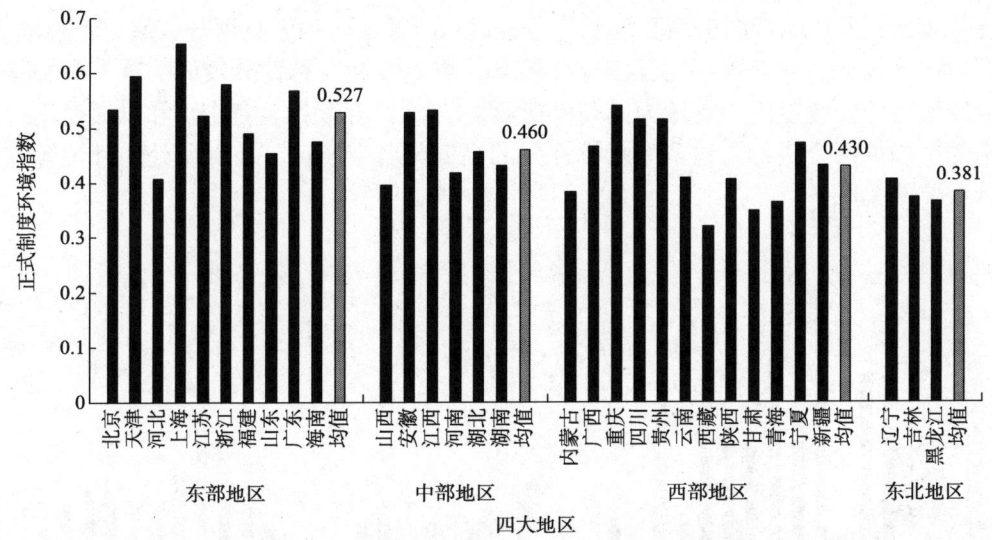

图 5.7 2016 年正式制度质量指数的地区差异

产权保护、法律环境、政府干预、政府效率、非国有经济发展、地方保护和税收制度是正式制度质量的构成指标，这些指标数值的变化决定了正式制度质量指数的大小。这里值得说明的是，作为正式制度质量构成指标之一的地方保护，这一数据来源于樊纲等（2011）和王小鲁等（2019）的市场化报告，以企业销售时遇到的保护措施（陈述的件数）/地区生产总值测度，该数值越小，相应的评分越高，地方保护程度越低。从评分结果看，2008~2012 年各地区的变化差异较大，大部分省（区、市）的数值普遍较平稳，2014 年或 2016 年开始下降，也就是说地方保护程度有所提高，如北京、天津、河北、内蒙古等；部分地区的评分一直上升，如上海、江苏等；还有部分地区评分 2014 年下降后，2016 年开始上升，如浙江、安徽、福建等。非国有经济发展是另一个测度经济制度的指标，以非国有经济主营业务收入/工业主营业务收入计算，从 2008 年开始，大部分省（区、市）的非国有工业企业主营业务收入占比逐年上升，但也有少数省（区、市）下降，如北京、上海、浙江、西藏、海南等。这两个波动较大的指标，在一定程度上能够解释部分地区正式制度质量指数动态波动的原因。

第二，分析非正式制度质量指数。图 5.8~图 5.10 给出了 2006 年、2011 年和 2016 年我国四大地区的非正式制度质量指数分布概况。从图 5.8~图 5.10 中，可以看出非正式制度质量指数分布也呈现了东部地区高于其他地区的地理特点。与正式制度质量指数分布特点不同的是，中部地区的非正式制度质量指数低于其他地区。从动态变化上看，西部地区的增速较快。同时，四大地区内部的不同省（区、市）间的差异也较明显：东部地区的北京、上海、浙江评分较高，而河北和海南评分较低；中部地区的山西和湖北评分较高；西部地区的宁夏评分较高，而西藏、贵州评分较低；东北地区的辽宁评分较高，黑龙江和吉林评分较低。这一指标是由规范与信任测度的，具体为民间组织数量/万人、互联网（宽带）和电话使用频率的平均值两个指标。这两个指标评分的高低与各省（区、市）所处地理位置有着重要的关联。

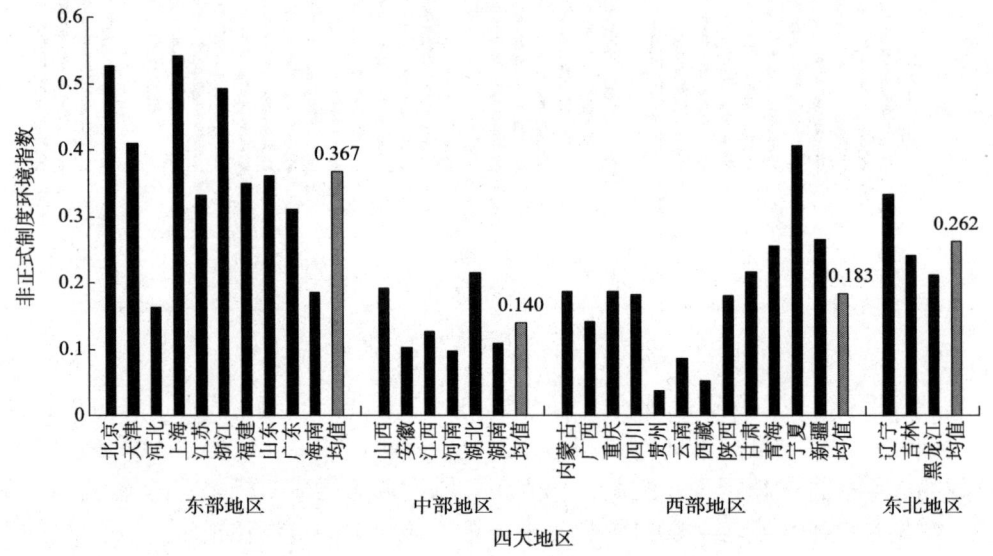

图 5.8　2006 年非正式制度质量指数的地区差异

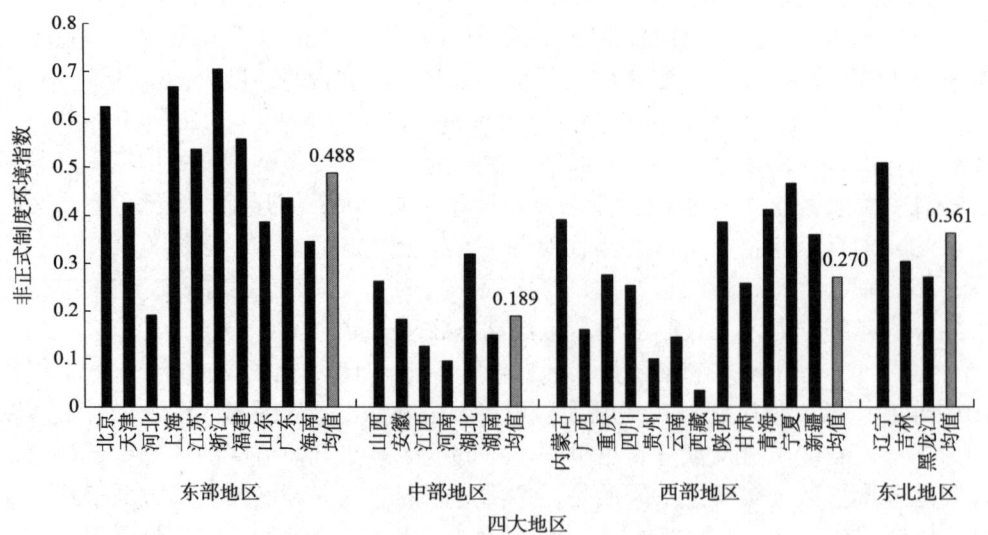

图 5.9　2011 年非正式制度质量指数的地区差异

第 5 章　制度质量对包容性金融发展实现社会公平的影响

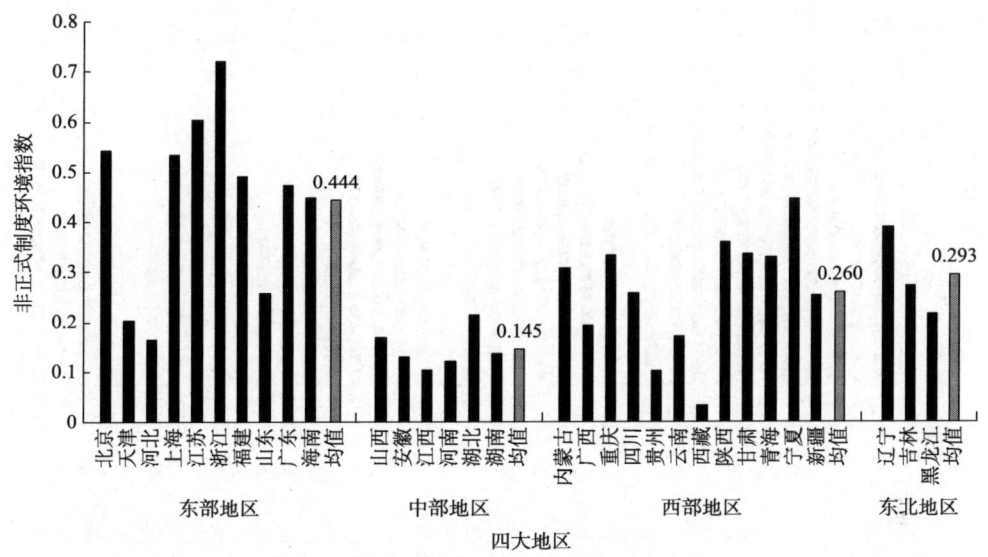

图 5.10　2016 年非正式制度质量指数的地区差异

为进一步说明制度质量的地区差异，这里采用已有的成果，以樊纲等（2011）、王小鲁等（2019）的市场化指数①测度制度质量，为直观地观察其演变特点，绘制地区分布图，如图 5.11~图 5.13 所示。

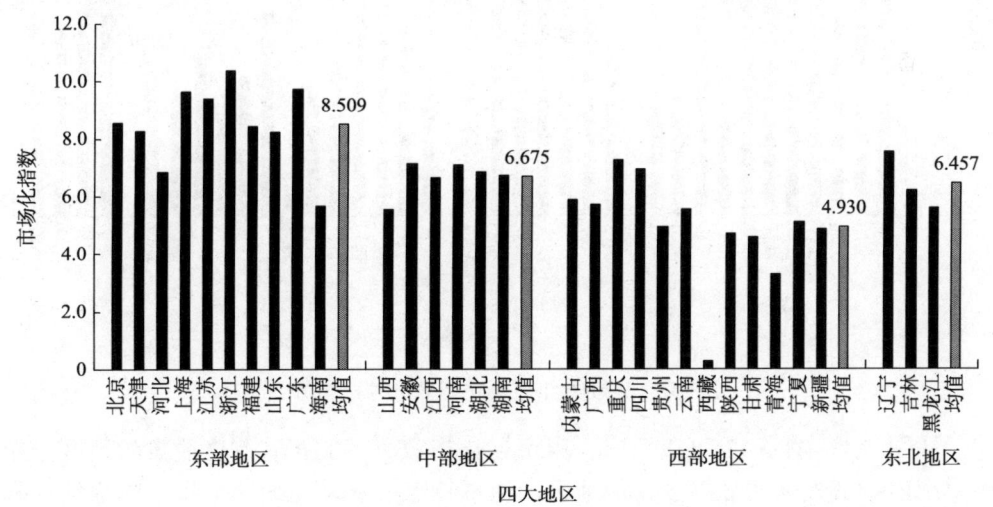

图 5.11　2006 年市场化指数的地区差异

---

① 樊纲等（2011）仅公布至 2009 年的市场化指数。王小鲁等（2019）采用同样的方法计算了 2008~2016 年的市场化指数。

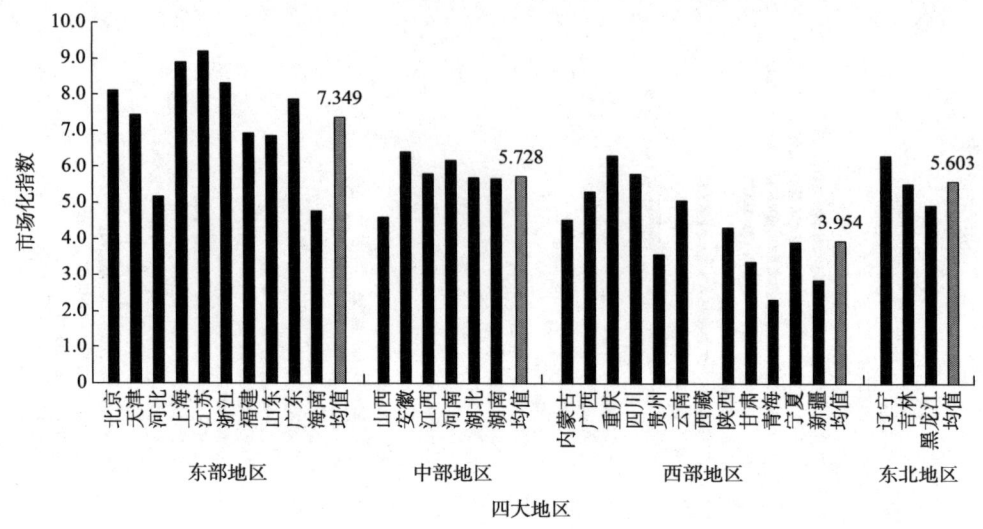

图 5.12 2011 年市场化指数的地区差异

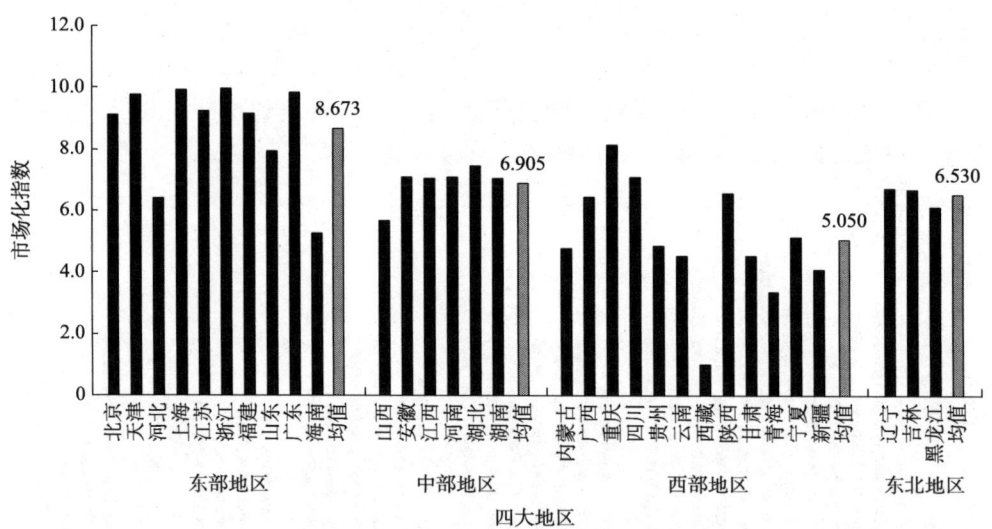

图 5.13 2016 年市场化指数的地区差异

从图 5.11~图 5.13 可以看出，以市场化指数测度的正式制度质量的地区分布也呈现出东部地区明显高于其他地区的地理特点。从动态变化上看，中部地区和西部地区增速较快，尤其是西部地区的重庆、陕西等增速较快。尽管二者度量的方法和所用指标并不完全相同，测量结果也不完全相同，但评价结果的排序相似，同时以测度结果分析的特点也相同，即东部地区的制度质量高于中部地区和西部地区的制度质量。这也反映了我国改革开放的渐进式市场化的特点。

整体来看,虽然我国各地区的制度质量呈现了东部地区高于中部地区和西部地区的特点,但是,由于地区政策、自然资源及制度执行情况的差异,存在着个体间的差异。而这一差异为本书探讨包容性金融发展与社会公平的地区差异提供了制度分析的基础。

5.3 制度质量影响包容性金融发展实现社会公平的研究策略

5.3.1 模型的构建

包容性金融发展对实现社会公平有着积极的促进作用,但也会受到制度因素的制约。参考已有的研究,根据前文作用机理的分析,将制度因素引入社会公平的"包容性金融发展—环境—努力"分析框架中,构建基本模型如式(5.4)所示。

$$\text{SF} = f(\text{IFI}, \text{INS}, W, E, X) \tag{5.4}$$

其中,SF、IFI、INS、W、E、X 分别表示社会公平度、包容性金融发展、制度质量、努力变量、环境变量和影响社会公平的外部因素。

将式(5.4)两边取全微分,可得式(5.5)。

$$\text{dSF} = \frac{\partial f}{\partial \text{IFI}}\text{dIFI} + \frac{\partial f}{\partial \text{INS}}\text{dINS} + \frac{\partial f}{\partial W}\text{d}W + \frac{\partial f}{\partial E}\text{d}E + \frac{\partial f}{\partial X}\text{d}X \tag{5.5}$$

为便于进行回归分析,以 α_1、α_2、α_3、α_4 和 γ 分别替换式(5.5)中的 $\frac{\partial f}{\partial \text{IFI}}$、$\frac{\partial f}{\partial \text{INS}}$、$\frac{\partial f}{\partial W}$、$\frac{\partial f}{\partial E}$ 和 $\frac{\partial f}{\partial X}$,同时以 sf、ins、ifi、$w$、$e$ 和 x 替换相对应的变量,将式(5.5)可以改写为式(5.6),作为包容性金融发展与社会公平的制度分析框架应用。

$$\text{sf}_{i,t} = \beta_0 + \alpha_1 \times \text{ifi}_{i,t} + \alpha_2 \times \text{ins}_{i,t} + \alpha_3 w_{i,t} + \alpha_4 \times e_{i,t} + \gamma \times x_{i,t} + \varepsilon_{i,t} \tag{5.6}$$

在式(5.6)的基础上,增加被解释变量的滞后项,可以改写为动态面板数据模型,如式(5.7)所示,用于分析包容性金融发展是否有利于实现社会公平的检验。

$$\begin{aligned}\text{sf}_{i,t} = {} & \beta_0 + \alpha_0 \times \text{sf}_{i,t-1} + \alpha_1 \times \text{ifi}_{i,t} + \alpha_2 \times \text{ins}_{i,t} + \alpha_3 \times w_{i,t} + \alpha_4 \times e_{i,t} \\ & + \gamma \times x_{i,t} + \lambda_t + u_i + \varepsilon_{i,t}\end{aligned} \tag{5.7}$$

其中,u 为未观测的特定地区固定效应,与时间无关;λ 为未观测的特定时间固定效应,与地区无关;ε 为误差项,服从通常的假设;i 为省(区、市);t 为时期;α 为待估计系数。

进一步在式（5.7）中增加制度质量（ins）与包容性金融发展（ifi）的交互项，如式（5.8）所示，用以分析在促进实现社会公平的过程中，制度质量与包容性金融发展之间的关系。

$$\text{sf}_{i,t} = \beta_0 + \alpha_0 \times \text{sf}_{i,t-1} + \alpha_1 \times \text{ifi}_{i,t} + \alpha_2 \times \text{ins}_{i,t} + \phi \times \text{ifi}_{i,t}\text{ins}_{i,t} + \alpha_3 \times w_{i,t} \\ + \alpha_4 \times e_{i,t} + \gamma \times x_{i,t} + \lambda_t + u_i + \varepsilon_{i,t} \qquad (5.8)$$

其中，ϕ为待估计系数。若模型中的待估计系数$\alpha_1>0$、$\alpha_2>0$，且$\phi>0$，说明包容性金融发展水平和制度质量的提高能够促进实现社会公平，包容性金融发展与制度质量在影响社会公平时存在互补关系；若$\alpha_1>0$、$\alpha_2>0$，且$\phi<0$，说明二者均能促进实现社会公平，但二者为替代关系。

进一步，将式（5.8）两边同时对包容性金融发展（ifi）求导数，则可得式（5.9），用以估计包容性金融发展的边际效应。

$$\frac{\partial(\text{sf}_{i,t})}{\partial(\text{ifi}_{i,t})} = \alpha_1 + \beta_1(\text{ins}_{i,t}^*) \qquad (5.9)$$

5.3.2 变量说明

为保持研究的一致性，本章所用变量均为前文所提及的变量。包容性金融发展（ifi）采用第2章计算的包容性金融发展指数测度。社会公平度（sf）采用第3章计算的社会公平度指数测度。环境变量、努力变量和影响社会公平的外部因素均遵循第4章经验检验分析时的做法。

本章新增变量为制度质量（ins）。这一变量用5.2节计算的制度质量综合指数（zins）、正式制度质量指数（fins）和非正式制度质量指数（social）分别作为制度质量的代理变量。各变量定义与计算方法如表5.6所示。

表5.6　各变量定义与计算方法

变量符号	指标含义	变量计算
sf	社会公平	社会公平度指数
ifi	包容性金融发展	包容性金融发展指数
zins	制度质量综合指数	制度质量综合指数
fins	正式制度质量指数	正式制度质量指数
social	非正式制度质量指数	非正式制度质量指数
环境变量（机会公平）		
male	性别结构	男性比例
age	年龄结构	15~64岁人口占比

续表

变量符号	指标含义	变量计算
努力变量（努力公平）		
edu	个体受教育程度	平均受教育年限
emp	职业状态	就业率
外部因素		
efdv	金融发展波动	存贷款余额/地区生产总值增长率的残差
open	经济开放程度	对外进出口贸易额/地区生产总值
ind	产业结构	第三产业产值/第二产业产值

5.3.3 样本数据与处理

由于西藏部分数据缺失较多，本章所用样本中不包括西藏地区，同时也不包括香港、澳门和台湾地区。所用样本共30个省级行政单位。考虑数据的可获性及研究的连续性，样本区间设置为2006~2017年。

原始数据来源于2007~2018年的《金融统计年鉴》《中国统计年鉴》和各省（区、市）统计年鉴，并整理计算。为避免变量内生、异方差及数据变动幅度过大的影响，同时提高计量分析的稳健性，以上变量中除社会公平度指数、包容性金融发展指数和制度质量指数的虚拟变量外，其他变量均取自然对数。

各样本变量基本统计特征如表5.7所示。从表5.7中可以看出，除包容性金融发展指数（ifi）差异显著外，制度质量各指数差异也较为明显。这为本章的分析提供了基础。

表5.7 各样本变量基本统计特征

变量	观测值	平均值	标准差	最小值	最大值
ifi	360	0.127	0.152	0.032	0.880
sf	360	0.514	0.142	0.148	0.840
zins	360	0.404	0.095	0.252	0.692
fins	360	0.456	0.090	0.272	0.745
social	360	0.306	0.161	0.037	0.794
male	360	3.933	0.017	3.886	4.001
age	360	4.298	0.048	4.166	4.429
edu	360	8.588	0.937	6.594	12.028

续表

变量	观测值	平均值	标准差	最小值	最大值
emp	360	4.570	0.007	4.553	4.593
open	360	2.898	0.977	0.523	5.149
ind	360	4.514	0.379	3.910	6.049

5.4 制度质量影响包容性金融发展实现社会公平的经验检验

5.4.1 主要估计结果

表5.8给出了制度质量和包容性金融发展对实现社会公平影响的估计结果。所有回归中包含了地区效应变量和时间哑变量。列（1）~列（3）分别给出了包容性金融发展指数（ifi）与制度质量综合指数（zins）、正式制度质量指数（fins）和非正式制度质量指数（social），以及相应的交互项（ifi×zins, ifi×fins, ifi×social）对实现社会公平影响的估计结果。

表5.8 制度质量、包容性金融发展与社会公平度的估计

变量	（1）	（2）	（3）	（4）	（5）	（6）	（7）
ifi	0.989*** （3.47）	1.390*** （3.74）	0.575*** （3.40）	0.915** （2.14）	2.892*** （3.62）	5.085*** （4.55）	1.221*** （2.93）
zins	0.570*** （5.23）				0.917*** （4.47）		
ifi×zins	−1.497*** （−3.57）				−4.904*** （−2.97）		
fins		0.132# （1.35）		0.023 （0.21）		0.400** （1.96）	
ifi×fins		−1.839*** （−3.57）		−0.508 （−0.72）		−7.276*** （−3.37）	
social			0.366*** （7.10）	0.341*** （5.41）			0.449*** （5.37）
ifi×social			−0.951*** （−3.50）	−0.889*** （−2.59）			−1.708** （−2.38）
age	1.747*** （12.47）	1.842*** （12.38）	1.376*** （8.97）	1.303*** （7.08）	1.776*** （11.30）	1.738*** （10.06）	1.267*** （7.52）
male	−0.650** （−2.25）	−0.840*** （−2.85）	−0.437 （−1.54）	−0.583* （−1.91）	−0.663* （−1.86）	−0.716** （−2.01）	−0.514 （−1.47）

续表

变量	(1)	(2)	(3)	(4)	(5)	(6)	(7)
edu	0.019* (1.67)	0.018 (1.53)	0.032*** (2.78)	0.033** (2.54)	0.015 (1.12)	0.017 (1.28)	0.038*** (2.94)
emp	−1.010 (−1.06)	−1.030 (−1.06)	−1.837** (−1.98)	−2.008** (−1.96)	0.463 (0.45)	−0.038 (−0.04)	−0.777 (−0.79)
open	−0.033*** (−3.64)	−0.011 (−1.29)	−0.027*** (−3.51)	−0.027*** (−2.74)	−0.037*** (−3.99)	−0.017* (−1.86)	−0.030*** (−3.64)
ind	−0.097*** (−4.48)	−0.100*** (−4.51)	−0.089*** (−4.22)	−0.077*** (−3.35)	−0.093*** (−4.05)	−0.097*** (−4.19)	−0.092*** (−4.09)
截距项	0.345 (0.08)	0.902 (0.20)	4.844 (1.15)	6.343 (1.36)	−6.587 (−1.42)	−3.858 (−0.79)	0.718 (0.16)
N	336	336	336	280	288	288	288
R^2	0.712	0.670	0.728	0.726	0.693	0.709	0.686
dy/dx	0.494*** (4.27)	0.145# (1.27)	0.455*** (8.28)				

***、**、*、#分别表示在 1%、5%、10%、20%的水平下显著

注：括号内为各统计量的 t 值

从表 5.8 列（1）看，制度质量综合指数（zins）、包容性金融发展指数（ifi）的估计系数均为正值，且高度显著，说明制度质量和包容性金融发展的提高有利于实现社会公平。这一结论再次验证了包容性金融发展有利于实现社会公平的结论。同时，制度质量的提高有利于实现社会公平，这一结论与 Tebaldi 和 Mahan（2010）、Chong 和 Calderón（2000）分析的包容性金融发展有利于减贫的结论保持一致。交互项（ifi×zins）系数显著为负值，这说明在实现社会公平的过程中，作为包容性金融发展重要决定因素之一的制度质量，与包容性金融发展间形成了替代关系。也就是说，高的制度质量可以替代包容性金融发展对服务对象甄别，从而有利于实现社会公平。列（2）是正式制度质量的估计结果。正式制度质量的估计系数为正值，说明正式制度质量的提高，有利于实现公平，而同时包容性金融发展的估计系数为正值，交互项（ifi×fins）的系数显著为负值，说明包容性金融发展与正式制度质量在实现社会公平的过程中互为替代关系。列（3）给出非正式制度质量的估计结果，以规范与信任测度的非正式制度质量的估计系数为正值，说明规范、社会资本等质量的提高，有利于发挥非正式制度实现社会公平的作用，同时，交互项（ifi×social）的系数显著为负值，说明二者之间为替代关系。

上述估计结果表明，无论正式制度还是非正式制度均会对包容性金融发展与实现社会公平形成保障作用，并且与包容性金融发展形成显著的替代关系，也就是说，制度质量的完善与提高，有利于促进包容性金融发展和实现社会公平。制度与金融发展之间有着替代关系已经得到了 Cepparulo 等（2016）的验证，而作

为金融发展方式之一的包容性金融发展，与制度质量仍存在这一替代关系。也就是说，随着制度质量的提高，以包容性金融发展促进实现社会公平的作用将下降。原因在于包容性金融发展是金融制度质量提高的结果，而金融制度则是制度质量的重要构成。当前，我国在经济发展过程中不可避免地会遇到一些发展中"有违公平正义的现象"[①]，而高水平发展的制度则有利于克服人为因素造成的不公平问题，这与正式制度还是非正式制度无关。

此外，从控制变量看，年龄结构、性别结构、个体受教育程度、产业结构的回归系数与第 4 章保持了一致，也说明机会公平和努力公平、规则公平均有利于实现社会公平。但贸易开放的影响是不确定的，这与我国多年实施的赶超政策有关。

5.4.2 稳健性检验

为保证分析结果的稳定，这里采用如下方法进行稳健性检验。

第一，将正式制度质量和非正式制度质量同时进行回归，将制度质量综合指数[②]排出，并将二者与包容性金融发展的交互项（ifi×fins，ifi×social）加入，估计结果如表 5.8 列（4）所示，从回归结果看，正式制度质量和非正式制度质量的系数及包容性金融发展的系数（0.023，0.341，0.915），二者交互项的回归系数（-0.508，-0.889）的符号，均未发生变化，说明回归结果稳定。

第二，将制度质量、经济发展水平明显高于其他地区的三个直辖市从样本中排除，重新对模型（5.8）估计，结果如表 5.8 列（5）~列（7）所示。其中，列（5）给出了制度质量综合指数的检验结果，列（6）和列（7）是正式制度质量指数、非正式制度质量指数的估计结果。从回归系数看，制度质量综合指数、非正式制度质量指数、正式制度质量指数、包容性金融发展指数的回归系数均显著为正值，而交互项 ifi×zins、ifi×fins、ifi×social 均显著为负值，说明包容性金融发展和制度质量的提高均有利于实现社会公平，且包容性金融发展和制度质量之间存在替代关系。

进一步分析包容性金融发展、制度质量对实现社会公平的影响，这里借鉴 Cepparulo 等（2016）的方法，根据式（5.3）计算边际效应，如表 5.8 最后一行 dy/dx 的估计结果。zins、fins 和 social 的边际效应分别在 1% 和 20% 的水平下显著。也就是说，经过制度质量综合指数、正式制度质量指数和非正式制度质量指数调

[①] 习近平：切实把思想统一到党的十八届三中全会精神上来．http://cpc.people.com.cn/n/2013/1231/c64094-23993888-2.html，2013-12-31．

[②] 根据本书对制度质量指标的说明，正式制度和非正式制度是相应的划分。

节后，包容性金融发展对社会公平的边际效应分别是为 0.494、0.145 和 0.455。

当前的文献大量地研究了金融发展与贫困减缓的作用，而对于包容性金融发展实现社会公平及制度质量影响的相关分析较少。本章用我国省级面板数据分析制度质量、包容性金融发展与实现社会公平的关系，主要的结论如下。

（1）包容性金融发展、制度质量均对实现社会公平产生影响。包容性金融发展有利于实现社会公平，这一结论与第 4 章的结论保持了一致。制度质量的提高也有利于实现社会公平。制度质量的提高往往与投资者收益有着直接关联，而投资者收益提高，则有利于降低收入分配差距，从而实现社会公平。这与 Carmignani（2007）的结论保持了一致。

（2）包容性金融发展与制度质量都有利于实现社会公平，在实现社会公平的过程中，包容性金融发展与制度质量存在替代关系。也就是说，随着制度质量提高，包容性金融发展的服务群体识别功能增强，此时，制度将发挥更大的作用。制度质量对包容性金融发展的边际效应检验再次验证了这一结论。

5.5 完善制度建设提升包容性金融发展的社会公平效应

制度是包容性金融发展地区差异的重要原因。包容性金融发展仍以金融合约为基础，而合约的顺利执行不仅与法治、政府干预等正式制度有关，还与信任、规范等非正式制度有关。较高的制度质量能够促进金融机构技术创新，降低其交易成本，提高金融服务的广度、深度、效度和稳定性，从而有利于包容性金融发展，实现社会公平。

本章根据制度的界定，选取 9 个二级指标从正式制度质量和非正式制度质量两个维度构建制度质量指数测度体系，分别计算制度质量综合指数、正式制度质量指数和非正式制度质量指数，进一步分析地区差异。构建制度质量、包容性金融发展与社会公平的作用机理分析框架，用我国 2006~2017 年省级面板数据分析制度质量综合指数、正式制度质量指数和非正式制度质量指数对实现社会公平的影响，以及在实现社会公平的过程中与包容性金融发展的关系，并对包容性金融发展实现社会公平的边际效应进行分析。结果表明，正式制度质量、非正式制度质量及由二者合成的综合制度质量的提高，有利于实现社会公平，在实现社会公平的过程中，与包容性金融发展表现为替代关系，进一步可以调节包容性金融发展的边际效应，这也说明制度质量对包容性金融发展的决定作用。

这些结论对于当前我国巩固拓展脱贫攻坚成果、预防返贫，有着重要意义。

第一，完善正式制度建设，鼓励金融服务多元化。适当放开市场准入门槛，在有效控制金融风险的前提下，鼓励建立商业银行等多元金融服务机构，并提供包括移动金融、民间资本参股等多元化的金融服务，以此满足各层次金融需求者。探索民间资本参与金融服务的制度可能性，构建新型贷款考核体系，降低弱势群体获得优质金融服务的成本，提高金融服务的可覆盖性。加强法律制度的建设，改善法律执行效率，提高投资者保护有效性。推动产权制度改革，适当加大金融机构的对外开放，通过完善公司治理结构，提高金融机构的竞争力。

第二，重视非正式制度建设，借助社会规范约束相关人员的行为。社会资本的社会规范对组织内成员的约束，主要依靠的是其他成员的舆论，这与法律约束不同。通常，同一村庄或宗族的借贷者会有相同的文化、社会习俗、价值观，因此，彼此之间的信任与规范要超过一般的社会组织。一旦其中某人发生恶意违约行为，因涉及其他成员利益，其会被进行道德或舆论的谴责，从而降低监督成本，提高包容性金融发展的可持续性。

第三，创新服务产品，拓宽产品的服务范围。在现有信贷形式的基础上，加快推进产品创新，满足不同贷款者的个性化信贷需求。例如，修缮和改建住房的贷款、帮助农民打井的贷款、租用大型农用机械的租赁贷款等，还可以考虑特色产品，如"十星文明户"道德信用贷款、青年创业信用贷款、巾帼创业信用贷款、联合信用贷款等。针对有贷款需求的不同客户群体量身定做小额信贷产品，拓展金融服务覆盖面。

第四，适当建立信用激励机制。以小贷公司为例，可以参考信用社的做法，建立信用激励机制，如对按时还款的农户，给予贷款便利性及提高后续贷款的额度，从而保障农户和小微企业贷款的可获性。同时，对于借贷的客户建立信用档案，将客户的经济状况、信用状况等信息进行记录，根据信用记录对借贷者进行利率区别借贷。逐步建立借贷者信用信息库，并在小贷公司之间共享，逐步接入国家征信系统，从而完善借贷者信用体系，为小贷公司借贷风险防范提供保障，提高其可持续发展的能力。

第五，完善贷款发放监管程序，加强可持续发展的风险保障。发放贷款时，借助社会资本的社会网络加强发放前的调查、发放中的监督反馈及发放后的审查。例如，在发放贷款前对客户的实际情况、相关信息调查时，可以考虑聘用村主任或村支书等作为监督员或联络员，这样在发放贷款前可以更好地通过监督员或联络员对客户的相关信息进行甄别，并为信贷员提供有意义的建议。在决定发放贷款后，监督员或联络员可以起到辅助监管的作用，并为信贷员和小贷公司通报信息，这样就提高了贷款的安全性。

第六，完善金融监管制度，重点控制商业银行信贷量的增长及不良贷款；实现跨产品、跨机构、跨市场的协调，加强对银行、证券、保险等混业经营、金融创新工作的监管。同时，建立监管法规的动态跟踪、评价和更新机制，避免增加金融风险发生的可能性，在保持金融发展规模和效率的同时，保障金融企业经营的安全，维护金融体系的稳定，提高包容性金融发展实现社会公平的效果。

在我国经济社会发展过程中，促进公平正义、增进人民福祉，既是全面深化改革的最大共识所在，也是取得改革成功的深厚根基所在[①]。现阶段，我国经济增长迅速提升，我国社会主要矛盾已经转化为人民日益增长的美好生活需要和不平衡不充分的发展之间的矛盾。在不断解决发展问题中，金融扶贫被许多国家证明是最有效的扶贫方式之一。通过制定金融政策，主要是指在一定的金融政策指导下，使信贷资金流向弱势群体，通过外界的力量增加弱势群体可以利用的资本存量，从而实现社会公平。

总之，制度、包容性金融与社会公平的研究是一个复杂的课题，尚有许多空间值得深入探索。公平正义是中国特色社会主义的内在要求，实现社会公平是我国巩固拓展扶贫攻坚成果、预防返贫的重要基础，在这一过程中，积极完善制度建设，有利于发挥包容性金融发展的积极作用。期望本书的研究能为我国包容性金融发展理论和相关政策制定提供参考与借鉴。

[①] 紧紧依靠人民推动改革——七论认真贯彻落实十八届三中全会精神. 人民日报，2013-11-21，第01版.

参 考 文 献

奥肯 A. 1987. 平等与效率——重大的抉择[M]. 王奔洲译. 北京：华夏出版社.
巴尔塔基 B H. 2010. 面板数据计量经济分析[M]. 4 版. 白伯林，等译. 北京：机械工业出版社.
包玉秋. 2007. 社会公平的法哲学基础[J]. 社会主义研究，(5)：77.
贝多广，莫秀根，赖丹妮，等. 2018. 鼎新克艰：数字普惠金融的扶贫实践[R]. 中国人民大学中国普惠金融研究院.
蔡伟贤，陈浩禹. 2015. 代际流动性对社会公平影响的实证研究[J]. 统计研究，32（7）：51-56.
车树林，顾江. 2017. 包容性金融发展对农村人口的减贫效应[J]. 农村经济，(4)：42-78.
陈辉，熊春文. 2011. 社会公平：概念再辨析[J]. 探索，(4)：160-165.
陈家付. 2009. 现阶段我国社会公平保障问题研究[D]. 山东师范大学博士学位论文.
陈社英，蔡想. 2017. 社会公平与经济学研究[J]. 理论与改革，(5)：187-194.
陈志刚. 2013. 制度、开放与中部地区金融发展：1996-2010[J]. 中南民族大学学报（人文社会科学版），(7)：116-123.
陈志刚，王皖君. 2009. 金融发展与中国的收入分配：1986-2005[J]. 财贸经济，(5)：36-41.
陈志武. 2014. 互联网金融到底有多新[J]. 新金融，(4)：9-13.
陈志勇，陈思霞. 2014. 制度环境、地方政府投资冲动与财政预算软约束[J]. 经济研究，(3)：76-87.
程恩富. 2005. 公平与效率交互同向论[J]. 经济纵横，(12)：32-35.
程永宏. 2007. 改革以来全国总体基尼系数的演变及其城乡分解[J]. 中国社会科学，(4)：45-61.
程仲鸣，夏新平，余明桂. 2008. 政府干预，金字塔结构与地方国有上市公司投资[J]. 管理世界，(9)：37-47.
辞海编辑委员会. 1999. 辞海[Z]. 上海：上海辞书出版社.
崔艳娟. 2014. 金融发展与贫困减缓：路径、效应与政策启示[M]. 经济科学出版社.
崔艳娟. 2018. 制度质量、包容性金融发展与贫困减缓的关系研究[M]. 北京：中国财政经济出版社.
崔艳娟，李延喜，陈克兢. 2018. 外部治理环境对盈余质量的影响：自然资源禀赋是"诅咒"吗[J]. 南开管理评论，21（2）：172-181，191.
崔艳娟，刘旸. 2017. 我国包容性金融发展水平评价研究——基于我国省际数据的分析[J]. 大连理工大学学报（社会科学版），38（2）：66-70.
崔艳娟，孙刚. 2012. 金融发展是贫困减缓的原因么？——来自中国的证据[J]. 金融研究，(11)：

116-127.

邓路, 谢志华, 李思飞. 2014. 民间金融、制度环境与地区经济增长[J]. 管理世界, (3): 31-40.

丁烈云, 刘荣英. 2008. 制度环境、股权性质与高管变更研究[J]. 管理科学, 21 (6): 47-56.

董建萍. 2010. 公正视域中的中国特色社会主义——当代中国社会公正若干问题研究[M]. 上海: 学林出版社.

董昀. 2013-11-05. 为小微企业服务: 从普惠金融到包容性金融[N]. 上海证券报, 第 A03 版.

樊纲, 王晓鲁, 朱恒鹏. 2011. 中国市场化指数: 各地区市场化相对进程 2011 年报告[M]. 北京: 经济科学出版社.

范香梅, 刘斌, 邹克. 2018. 金融包容、创业选择及收入公平分配研究[J]. 中国软科学, (9): 64-75.

龚锋, 李智, 雷欣. 2017. 努力对机会不平等的影响: 测度与比较[J]. 经济研究, 52 (3): 76-90.

郭峰, 王靖一, 王芳, 等. 2020. 测度中国数字普惠金融发展: 指数编制与空间特征[J]. 经济学（季刊）, (4): 1401-1418.

郭田勇, 丁潇. 2015. 普惠金融的国际比较研究——基于银行服务的视角[J]. 国际金融研究, (2): 55-64.

国家统计局. 2018. 中国统计摘要（2018）[Z]. 北京: 中国统计出版社.

国家统计局. 2019. 中国统计年鉴（2019）[Z]. 北京: 中国统计出版社.

国家统计局. 2020. 中国统计年鉴（2020）[Z]. 北京: 中国统计出版社.

韩亮, 徐业坤. 2010. 投资者法律保护与公司价值——基于法律、所有权与投资者预期实证分析[J]. 管理评论, (7): 97-104.

何德旭, 苗文龙. 2015. 金融排斥、金融包容与中国普惠金融制度的构建[J]. 财贸经济, 36 (3): 5-16.

何光辉, 杨咸月. 2011. 手机银行模式与监管: 金融包容与中国的战略转移[J]. 财贸经济, (4): 46-54.

滑冬玲, 肖强. 2012. 制度与金融发展: 基于转轨国家的面板数据分析[J]. 经济管理, (9): 121-128.

黄俊, 张天舒. 2010. 制度环境、企业集团与经济增长[J]. 金融研究, (6): 91-102.

江春, 王鸾凤. 2009. 发展中国家金融发展的制度分析[J]. 财经科学, (4): 1-9.

江春, 许立成. 2004. 产权、法律制度与中国金融发展之谜[J]. 财经问题研究, (8): 39-44.

江春, 许立成. 2007. 制度安排、金融发展与社会公平[J]. 金融研究, (6): 44-52.

焦瑾璞, 黄亭亭, 汪天都, 等. 2015. 中国普惠金融发展进程及实证研究[R]. 中国人民银行工作论文.

金双华. 2002. 财政收入水平与社会公平关系的实证分析[J]. 经济学动态, (4): 25-29.

金双华. 2006. 财政支出与社会公平关系分析[J]. 统计研究, (3): 67-71.

李国正, 艾小青. 2017. "共享"视角下城乡收入与消费的差距度量、演化趋势与影响因素[J]. 中国软科学, (11): 173-183.

李建军, 韩珣. 2019. 普惠金融、收入分配和贫困减缓——推进效率和公平的政策框架选择[J]. 金融研究, (3): 129-148.

李群峰. 2010. 动态面板数据模型的 GMM 估计及其应用[J]. 统计与决策, (16): 161-163.

李维安，徐业坤. 2012. 政治关联形式、制度环境与民营企业生产率[J]. 管理科学，（2）：1-12.
林毅夫. 1994. 关于制度变迁的经济学理论：诱致性变迁与强制性变迁[C]//科斯 R，阿尔钦 A，诺斯 D，等. 财产权利与制度变迁. 刘守英，等译. 上海：上海三联书店，上海人民出版社：377-378，390-391.
刘成奎，王朝才. 2008. 财政支出结构与社会公平的实证分析[J]. 财政研究，（2）：15-18.
刘凤委，孙铮，李增泉. 2007. 政府干预、行业竞争与薪酬契约——来自国有上市公司的经验证据[J]. 管理世界，（9）：76-84，128.
刘峻峰，李巍，王绍博. 2019. 中国金融抑制水平测度及时空动态演变特征[J]. 地理科学，39（7）：1102-1110.
刘明，刘震，郭峰. 2014. 山东省普惠金融发展现状及影响因素分析——基于普惠金融发展指数的实证研究[J]. 金融发展研究，（12）：54-59.
刘晓凤. 2009. 美国财政支出与社会公平的实证分析[J]. 当代财经，（5）：33-38.
卢锋，姚洋. 2004. 金融压抑下的法治、金融发展和经济增长[J]. 中国社会科学，（1）：42-55.
鲁晓东，连玉君. 2011. 要素禀赋、制度约束与中国省区出口潜力——基于异质性随机前沿出口模型的估计[J]. 南方经济，（10）：3-11，26.
栾大鹏，董惠敏. 2014. 对江苏省36个县（市）经济社会公平度的测评及排名[J]. 人民论坛，（3）：70-75.
罗良文，茹雪. 2019. 我国收入分配中的机会不平等问题研究——基于CGSS 2008-2015年数据的经验证据[J]. 中国软科学，（4）：57-69.
吕炜，孙永军，范辉. 2010. 社会公平、财政支农与农村消费需求[J]. 财经科学，（1）：99-106.
曼昆 N G. 1999. 经济学原理（上册）[M]. 梁晓民译. 北京：生活·读书·新知三联书店，北京大学出版社.
牛富荣. 2016. 基于指数分析的财政促进社会公平绩效测度[J]. 统计与决策，（6）：41-44.
皮天雷. 2010a. 经济转型中的法治水平、政府行为与地区金融发展——来自中国的新证据[J]. 经济评论，（1）：36-49.
皮天雷. 2010b. 社会资本、法治水平对金融发展的影响分析[J]. 财经科学，（1）：18.
乔海曙，杨蕾. 2016. 论金融供给侧改革的思路与对策[J]. 金融论坛，（9）：14-20.
屈锡华，左齐. 1997. 贫困与反贫困——定义、度量与目标[J]. 社会学研究，（3）：106-117.
商务印书馆国际有限公司. 2018. 古代汉语字典[Z]. 2版. 北京：商务印书馆国际有限公司.
邵军，徐康宁. 2008. 制度质量，外资进入与增长效应：一个跨国的经验研究[J]. 世界经济，（7）：3-14.
史恩义. 2009. 中国金融发展中的政府行为研究[J]. 经济评论，（1）：19-25.
史新杰，卫龙宝，方师乐，等. 2018. 中国收入分配中的机会不平等[J]. 管理世界，34（3）：27-37.
世界银行扶贫协商小组，中国普惠金融工作组. 2012. 中华人民共和国的金融普惠状况[R]. 中国普惠金融第7号论文.
宋渊洋，刘巍. 2015. 中国各地区制度环境测量的最新进展与研究展望[J]. 管理评论，27（2）：3-12.
孙光慧，曹丽萍. 2014. 西北民族地区金融发展与社会公平研究[J]. 西北民族大学学报（哲学社会科学版），（2）：117-125.

孙建伟，孔雪松，田雅丝，等. 2017. 基于空间组合特征的农村居民点重构方向识别[J]. 地理科学，37（5）：748-755.
孙文祥，张志超. 2004. 财政支出结构对经济增长与社会公平的影响[J]. 上海财经大学学报，（6）：3-9.
唐钧. 1998. 中国城市贫困居民线研究[M]. 上海：上海社会科学院出版社.
田富俊，郑逸芳. 2014. 社会公平评价指标体系构建研究[J]. 福建农林大学学报（哲学社会科学版），（6）：61-66.
田杰，陶建平. 2012. 农村普惠性金融发展对中国农户收入的影响——来自1877个县（市）面板数据的实证分析[J]. 财经论丛，164（2）：57-63.
王国刚. 2014. 从互联网金融看我国金融体系改革新趋势[J]. 红旗文稿，（8）：9-13.
王小鲁，樊纲，胡李鹏. 2019. 中国分省份市场化指数报告（2018）[M]. 北京：社会科学文献出版社.
王小鲁，余文静，樊纲. 2013. 中国分省企业经营环境指数2013年报告[M]. 北京：中信出版社.
王秀兰，包玉海. 1999. 土地利用动态变化研究方法探讨[J]. 地理科学进展，18（1）：81-87.
王泽宇，卢雪凤，孙才志，等. 2017. 中国海洋经济重心演变及影响因素[J]. 经济地理，37（5）：12-19.
沃特斯A，布尔V. 2016. 牛津中阶英汉双解词典[Z]. 5版. 刘常华，等译. 北京：商务印书馆，牛津大学出版社（中国）有限公司.
吴晓求. 2015. 互联网金融：成长的逻辑[J]. 财贸经济，（2）：5-15.
吴忠民. 2003. 关于公正、公平、平等的差异之辨析[J]. 中共中央党校学报，7（4）：15-20.
伍旭川，肖翔. 2014. 基于全球视角的金融包容指数研究[J]. 南方金融，（6）：15-20.
肖作平. 2010. 所有权和控制的分离度、政府干预与资本结构选择——来自中国上市公司的实证证据[J]. 南开管理评论，（5）：144-152.
谢平，邹传伟. 2012. 互联网金融模式研究[J]. 金融研究，（12）：11-22.
闫海洲，张明珅. 2012. 金融包容性发展与包容性金融体系的构建[J]. 南方金融，（3）：82-83.
严成樑. 2012. 社会资本、创新与长期经济增长[J]. 经济研究，（11）：48-60.
杨俊，李晓羽，张宗益. 2006. 中国金融发展水平与居民收入分配的实证分析[J]. 经济科学，（2）：23-33.
杨俊，王燕，张宗益. 2008. 中国金融发展与贫困减少的经验分析[J]. 世界经济，（8）：62-76.
杨宇，沈坤荣. 2010. 社会资本、制度与经济增长——基于中国省级面板数据的实证研究[J]. 制度经济学研究，（2）：42-59.
洋龙. 2004. 平等与公平、正义、公正之比较[J]. 文史哲，（4）：146-152.
姚耀军. 2016. 制度质量对外资银行进入的影响——基于腐败控制维度的研究[J]. 金融研究，（3）：124-139.
叶志强，陈习定，张顺明. 2011. 金融发展能减少城乡收入差距吗？——来自中国的证据[J]. 金融研究，（2）：42-56.
易纲，宋旺. 2008. 中国金融资产结构演进：1991-2007[J]. 经济研究，（8）：4-15.
于君博，陈希聪. 2014. 中国社会公平正义状况的实证分析（2002—2010）[J]. 马克思主义与现实，（5）：150-155.

张洪辉, 王宗军. 2010. 政府干预、政府目标与国有上市公司的过度投资[J]. 南开管理评论, (3): 101-108.

张天舒. 2013. 资源禀赋、制度弱化与经济增长[J]. 经济与管理研究, (6): 5-13.

张勋, 万广华, 张佳佳, 等. 2019. 数字经济、普惠金融与包容性增长[J]. 经济研究, (8): 71-85.

张屹山. 2007-07-13. 社会公平与经济公平[N]. 吉林日报, 第005版.

赵海堂, 雷叙川, 蒲晓红. 2019. 当代中国政治信任的来源: 从经济绩效到社会公平[J]. 科学技术哲学研究, 36(6): 101-106.

赵霞, 白爽. 2014. 我国财政支出对经济增长和社会公平影响的实证研究——基于2007-2011年省级面板数据[J]. 发展研究, (2): 30-36.

郑志刚, 邓贺斐. 2010. 法律环境差异和区域金融发展——金融发展决定因素基于我国省级面板数据的考察[J]. 管理世界, (6): 14-27.

中共中央马克思恩格斯列宁斯大林著作编译局. 1995. 马克思恩格斯选集(第3卷)[M]. 北京: 人民出版社.

中国社会科学院语言研究所词典编辑室. 1978. 现代汉语词典[Z]. 北京: 商务印书馆.

周小川. 2013. 践行党的群众路线, 推进包容性金融发展[J]. 求是, (18): 11-14.

周正庆. 2011. 衡量资本市场不能用西方理论[J]. 股市动态分析, (49): 19-20, 1.

朱玲. 2011. 包容性发展与社会公平政策选择[J]. 经济学动态, (12): 10-15.

Acemoglu D, Johnson S. 2005. Unbundling institutions[J]. Journal of Political Economy, 113: 949-995.

Ahlin C, Townsend R. 2007. Using repayment data to test across models of joint liability lending[J]. Economic Journal, 117(517): F11-F51.

Alan M. 1995. Concepts of equity, fairness and justice in geographical studies[J]. Transactions of the Institute of British Geographers, 20(4): 500-508.

Allen F E, Carletti R, Cull J, et al. 2013. Resolving the African financial development gap: cross-country comparisons and a within-country study of Kenya[R]. World Bank Policy Working Paper No. 6592.

Allen F E, Demirgüç-Kunt A, Klapper L, et al. 2012. The foundation of financial inclusion: understanding ownership and use of formal accounts[J]. World Bank Policy Research Paper No. 6290.

Allen F, Demirgüç-Kunt A, Klapper L, et al. 2016. The foundations of financial inclusion: understanding ownership and use of formal accounts[J]. Journal of Financial Intermediation, 27: 1-30.

Allen F, Qian J, Qian M. 2005. Law, finance and economic growth in China[J]. Journal of Financial Economics, 77(1): 57-116.

Ambarkhane D, Singh A S, Venkataramani B. 2014. Developing a comprehensive financial inclusion index[R]. SSRN Working Paper No. 2485774.

Amendola A, Easaw J, Savoia A. 2013. Inequality in developing economies: the role of institutional development[J]. Public Choice, 155(1): 43-60.

Amidžić G, Massara A, Mialou A. 2014. Assessing countries' financial inclusion standing: a new composite index[R]. IMF Working Paper No. 14/36.

Andrianova S, Demetriades P, Shortland A. 2008. Government ownership of banks, institutions and financial development[J]. Journal of Development Economics, 85: 449-469.

Arellano M, Bond S. 1991. Some tests of specification for panel data: Monte Carlo evidence and an application to employment equations[J]. Review of Economic Studies, (58): 277-297.

Arellano M, Bover O. 1995. Another look at the instrumental variable estimation of error components models[J]. Journal of Econometrics, (68): 29-51.

Arestis P, Demetriades P, Luintel K. 2001. Financial development and economic growth: the role of stock markets[J]. Journal of Money, Credit, and Banking, 33 (1): 16-41.

Arneson R J. 1989. Equality and equality of opportunity for welfare[J]. Philosophical Studies, 56: 77-93.

Arora R U. 2010. Measuring financial access[R]. Griffith University Discussion Paper in Economics, No. 07.

Bae J H, Salomon R. 2010. Institutional distance in international business research[J]. Advances in International Management, 23: 327-349.

Baltagi B H, Demetriades P, Law S H. 2009. Financial development and openness: panel data evidence[J]. Journal of Development Economic, 89 (2): 285-296.

Barro R J. 2000. Inequality and growth in a panel of countries[J]. Journal of Economic Growth, 5 (1): 5-32.

Beck T. 2002. Financial development and international trade: is there a link? [J]. Journal of International Economics, 27 (5): 107-131.

Beck T, Demirgüç-Kunt A. 2008. Access to finance: an unfinished agenda[J]. World Bank Economic Review, 22: 383-396.

Beck T, Demirgüç-Kunt A, Levine R. 2003. Law, endowments, and finance[J]. Journal of Financial Economics, 70 (2): 137-181.

Beck T, Demirgüç-Kunt A, Levine R. 2007b. Finance, inequality and the poor[J]. Journal of Economic Growth, 12 (1): 27-49.

Beck T, Demirgüç-Kunt A, Peria M S M. 2005. Reaching out: access to and use of banking services across countries[R]. World Bank Policy Research Working Paper No. 3754.

Beck T, Demirgüç-Kunt A, Peria M S M. 2007a. Reaching out: access to and use of banking services across countries[J]. Journal of Financial Economics, 85 (1): 234-266.

Beck T, Levine R. 2004. Legal institutions and financial development[R]. NBER Working Paper No. 10417.

Beck T, Ross L, Loayza N. 2000. Finance and the sources of growth[J]. Journal of Financial Economics, 58: 261-300.

Berman J J, Murphy-Berman V, Singh P. 1985. Cross-cultural similarities and differences in perceptions of fairness[J]. Journal of Cross-Cultural Psychology, 16 (1): 55-67.

Blundell R, Bond S. 1998. Initial conditions and moment restrictions in dynamic panel data models[J]. Journal of Econometrics, 87: 115-143.

Boesch L, Berger R. 2019. Explaining fairness results from an experiment in Guinea[J]. Human Nature, 30: 398-421.

Bolton G E, Ockenfels A. 2000. ERC: a theory of equity, reciprocity, and competition[J]. American Economic Review, 90 (1): 166-193.

Bond S, Hoeffler A, Temple J. 2001. GMM estimation of empirical growth models[R]. CEPR Working Paper, No. 3048.

Bourguignon F, Ferreira F G, Menéndez M. 2007. Inequality of opportunity in Brazil[J]. Review of Income and Wealth, 53 (4): 585-618.

Bruhn M, Love I. 2014. The real impact of improved access to finance: evidence from Mexico[J]. Journal of Finance, 69 (3): 1347-1376.

Busenitz L W, Gómez C, Spencer J W. 2000. Country institutional profiles: unlocking entrepreneurial phenomena[J]. Academy of Management Journal, 43 (5): 994-1003.

Carbo S, Gardener E P M, Molyneux P. 2005. Financial Exclusion[M]. Hampshire: Palgrave MacMillan.

Card D, Krueger A. 1994. Minimum wages and employment: a case study of the fast-food industry in New Jersey and Pennsylvania[J]. American Economic Review, 84 (4): 772-793.

Carmignani F. 2007. Efficiency of institutions, political stability and income dynamics[J]. Public Economics, 5 (1): 6-30.

Casado-Diaz A, Mas-Ruiz F, Kasper H. 2007. Explaining satisfaction in double deviation scenarios: the effects of anger and distributive justice[J]. International Journal of Bank Marketing, 25 (5): 292-314.

Casson M C, Giusta M D, Kambhampati U S. 2010. Formal and informal institutions and development[J]. World Development, 38 (2): 137-141.

Cepparulo A, Cuestas J C, Intartaglia M. 2016. Financial development, institutions, and poverty alleviation: an empirical analysis[R]. Bank of Estonia Working Papers.

Chakravarty S R, Pal R. 2010. Measuring financial inclusion: an axiomatic approach[R]. Microeconomics Working Papers 22776.

Champernowne D G, Cowell F A. 1998. Economic Inequality and Income Distribution[M]. Cambridge : Cambridge University Press.

Chaudhuri S, Ravallion M. 2006. Partially awakened giants: uneven growth in China and India[R]. Policy Research Working Paper.

Chen L. 2016. From fintech to finlife: the case of fintech development in China[J]. China Economic Journal, 9 (3): 225-239.

Chibba M. 2009. Financial inclusion, poverty reduction and the millennium development goals[J]. European Journal of Development Research, 21 (2): 213-230.

Chong A, Calderón C. 2000. Institutional quality and poverty measures in a cross-section of countries[J]. Economics of Governance, 1 (2): 123-135.

Chong A, Gradstein M. 2007. Inequality and institutions[J]. Review of Economics Statistics, 89 (3): 454-465.

Claessens S, Laeven L. 2003. Financial development, property rights, and growth[J]. Journal of Finance, 58（6）: 2401-2436.

Cohen G A. 1989. On the Currency of egalitarian justice[J]. Ethics, 99（4）: 906-944.

Conroy J. 2005. APEC and financial exclusion: missed opportunities for collective action? [J]. Asia-Pacific Development Journal, 12（1）: 53-79.

Constantine M G, Hage S M, Kindaich M M, et al. 2007. Social justice and multicultural issues: implications for the practice and training of counselors and counseling psychologists[J]. Journal of Counseling & Development, 85（1）, 24-29.

Cui Y J, Liu R Q. 2016. Does social capital matter microfinance firms sustainability: the case of China[A]. Proceedings of the 6th（2014）International Conference on Financial Risk and Corporate Fiance Management.

Dabla-Norris E, Ji Y, Townsend R, et al. 2015. Identifying constraints to financial inclusion and their impact on GDP and inequality: a structural framework for policy[R]. IMF Working Paper WP/15/22.

de Soto H. 2000. The Mystery of Capital: Why Capitalism Triumphs in the West and Fails Everywhere Else[M]. New York: Basic Books.

Demetriades P O, Andrianova S. 2005. Sources and effectiveness of financial development: what we know and what we need to know[R]. UNU World Institute for Development Economics Research Paper No. 76.

Demetriades P, Law S H. 2004. Finance, institutions and economic growth[R]. University of Leicester Discussion Paper in Economics, No. 04/5.

Demirgüç-Kunt A, Beck T, Honohan P. 2008. Finance for all? Policies and pitfalls in expanding access[R]. World Bank Research Report.

Demirgüç-Kunt A, Klapper L. 2012a. Measuring financial inclusion the global findex database[R]. World Bank Working Paper No. 6025.

Demirgüç-Kunt A, Klapper L. 2012b. Financial inclusion in Africa: an overview[R]. Policy Research Working Paper 6088.

Demirgüç-Kunt A, Klapper L. 2013. Measuring financial inclusion: explaining variation in use of financial services across and within countries[J]. Brooking Papers on Economic Activity, （3）: 279-340.

Dev S M. 2006. Financial inclusion: issues and challenges[J]. Economic and Political Weekly, 41: 4310-4313.

Dreher A, Kotsogiannis C, Mccorriston S. 2009. How do institutions affect corruption and the shadow economy? [J]. International Tax and Public Finance, 16（6）: 773-796.

Duffy R, Fearne A, Hornibrook S. 2003. Measuring distributive and procedural justice[J]. British Food Journal, 105（10）: 682-693.

Duflo E. 2001. Schooling and labor market consequences of school construction in Indonessia: evidence from an unusual policy experiment[J]. American Economic Review, 91（4）: 775-813.

Easterly W, Levine R. 1997. Africa's growth tragedy: policies and ethnic divisions[J]. The Quarterly

Journal of Economics, 112 (4): 1203-1250.

Fehr E, Schmidt K M A. 1999. Theory of fairness, competition, and cooperation[J]. Quaterly Journal of Economics, 114: 817-868.

Fergusson L. 2006. Institutions for financial development: what are they and where do they come from? [J]. Journal of Economic Surveys, (20): 27-69.

Fernandez A P. 2006. The Role of self help affinity groups in promoting financial inclusion of landless and marginal/small farmers families[R]. Rural Management Systems Series Paper 46.

Ferrary M. 2003. Trust and social capital in the regulation of lending activities[J]. The Journal of Sociol Economics, 31: 673-699.

Foster J E, Greer J, Thorbecke E. 1984. A Class of decomposable poverty indices[J]. Econometrica, 52 (3): 761-766.

Frederickson H G. 1990. Public administration and social equity[J]. Public Administration Review, 30 (2): 228-237.

Fry M J. 1978. Money and capital or financial deepening in economic development[J]. Journal of Money, Credit and Banking, 10 (4): 464-475.

Fry M J. 1989. Financial development: theories and recent experience[J]. Oxford Review of Economic Policy, 5 (4): 13-28.

Fungáčová Z, Weill L. 2014. Understanding financial inclusion in China[R]. BOFIT Discussion Papers 10/2014.

Garcia M J R. 2016. Can financial inclusion and financial stability go hand in hand? [J]. Economic Issues, 21 (2): 81-103.

Garretsen H, Lensink R, Sterken E. 2004. Growth, financial development, societal norms and legal institutions[J]. Journal of International Financial Markets, Institutions and Money, 14 (2): 165-183.

Gaur A S, Lu J W. 2007. Ownership strategies and survival of foreign subsidiaries: impacts of institutional distance and experience[J]. Journal of Management, 33 (1): 84-110.

Georgarakos D, Pasini G. 2011. Trust, sociability, and stock market participation[J]. Review of Finance, 15 (4): 693-725.

Girma S, Shortland A. 2008. The political economy of financial development[J]. Oxford Economic Papers, (60): 567-595.

Glaeser E L, Shleifer A. 2002. Legal origins[J]. The Quarterly Journal of Economics, 117 (4): 1193-1229.

Goldsmith R W. 1969. Financial Structure and Development[M]. New Haven: Yale University Press.

Grootaert C, Bastelaer T V. 2002. Understanding and measuring social capital: a multidisciplinary tool for practitioners[J]. Analysis, 65 (3): 13-20.

Guiso L, Sapienza P, Zingales L. 2004. The role of social capital in financial development[J]. American Economic Review, 94 (3): 526-556.

Gupte R, Venkataramani B, Gupta D. 2012. Computation of financial inclusion index for India[J]. Social and Behavioral Sciences, (37): 133-149.

Hannig A, Jansen S. 2010. Financial inclusion and financial stability: current policy issues[R]. ADBI Working Paper Series No. 259.

Hao C. 2006. Development of financial intermediation and economic growth: the Chinese experience[J]. China Economic Review, 17: 347-362.

Hermes N, Lensink R, Mehrteab H T. 2005. Peer monitoring, social ties and moral hazard in group lending programs evidence from Eritrea[J]. The Journal of World Development, 33 (1): 149-169.

Hong H, Kubik J D, Stein J C. 2004. Social Interaction and Stock Market Participation[J]. Journal of Finance, 59 (1), 137-163.

Honohan P. 2006. Household financial assets in the process of development[R]. World Bank Policy Research Working Paper No. 3965.

Huang Y. 2010. Political institutions and financial development: an empirical study[J]. World Development, 38 (12): 1667-1677.

Jeanneney G S, Kpodar K. 2005. Financial development, financial instability and poverty[R]. Working Paper, CSAE WPS/2005-09, University of Auvergne.

Jeanneney G S, Kpodar K. 2008. Financial development and poverty reduction: can there be a benefit without a cost? [R]. IMF Working Paper WP/08/62.

Johnson S, Mcmillan J, Woodruff C. 2002. Property rights and finance[J]. American Economic Review, 92 (5): 1335-1356.

Jost J T, Kay A C. 2010. Social justice: history, theory and research[A]// Fiske S T, Gilbert D, Lindzey G. Handbook of Social Psychology, 2: 1122-1165.

Kapoor A. 2013. Financial inclusion and the future of the Indian economy[J]. Futures, (10): 35-42.

Karpowicz I. 2014. Financial inclusion, growth and inequality: a model application to Colombia[R]. IMF Working Paper WP/14/166.

Kaufmann D, Kraay A, Mastruzzi M. 2009. Governance matters VIII aggregate and individual governance indicators[R]. World Bank Policy Research Working Paper No. 4978.

Knack S, Keefer P. 1995. Institutions and economic performance: cross-country tests using alternative institutional measures[J]. Economics and Politics, 7 (3): 207-227.

Knack S, Keefer P. 1997. Does social capital have an economic payoff? A cross-country investigation[J]. Quarterly Journal of Economics, 112: 1251-1288.

Krishna A, Uphoff N. 1999. Mapping and measuring social capital: a conceptual and empirical study of collective action for conserving and developing watersheds in Rajasthan, India[R]. Social Capital Initiative Working Paper No. 13, World Bank, Washington D. C.

Kumar N. 1996. The power of trust in manufacturer retailer relationships[J]. Harvard Business Review, 74 (6): 92-106.

Kunčič A. 2009. Institutional quality dataset[J]. Journal of Institutional Economics, 10 (1): 135-161.

La Porta R, Lopez-De-Silanes F, Shleifer A, et al. 1997. Legal determinants of external finance[J]. Journal of Finance, 52 (3): 1131-1150.

La Porta R, Lopez-De-Silanes F, Shleifer A, et al. 1998. Law and finance[J]. Journal of Political Economy, 106: 1113-1155.

La Porta R, Lopez-De-Silanes F, Shleifer A, et al. 1999. The quality of government[J]. Journal of Law, Economics and Organization, 15 (1): 222-279.

La Porta R, Lopez-De-Silanes F, Shleifer A, et al. 2000. Investor protection and corporate finance[J]. Journal of Financial Economics, 58: 3-27.

La Porta R, Lopez-De-Silanes F, Zamarripa G. 2003. Related lending[J]. Quarterly Journal of Economics, 118 (1): 231-268.

Law S H. 2009. Trade openness, capital flows and financial development in developing economies[J]. International Economic Journal, 23 (3): 409-426.

Leyshon A, Thrift N. 1995. Geographies of financial exclusion: financial abandonment in britain and the United States[J]. Transactions of the Institute of British Geographers, New Series, 20 (3): 312-341.

Marcelin I, Mathur I. 2014. Financial development, institutions and banks[J]. International Review of Financial Analysis, (31): 25-33.

Marrero G A, Rodríguez J G. 2013. Inequality of opportunity and growth[J]. Journal of Development Economics, 104 (3): 107-122.

Mckinnon R I. 1973. Money and Capital in Economic Development[M]. Washington D.C.: Brookings Institution.

Mohan R. 2006. Economic Growth, Financial deepening and financial inclusion[R]. Address at the Annual Bankers' Conference 2006, Hyderabad on November 3.

Mukherjee D, Dutta N. 2013. Do Political institutions and culture jointly matter for financial development? A cross-country panel investigation[J]. Global Economy Journal, 13(2): 203-232.

Nathan H S K, Mishra S, Reddy B S. 2008. An alternative approach to measure HDI[R]. IGIDR Working Paper WP2008-002.

North D C. 1990. Institutions, Institutional Change and Economic Performance[M]. Cambridge: Cambridge University Press.

Odhiambo N M. 2009. Finance-growth-poverty nexus in South Africa: a dynamic causality linkage[J]. The Journal of Socio-Economics, 38: 320-325.

Ostrom E. 2000. Social capital: a fad or a fundamental concept? [C]//Dasgupta P, Serageldin I. Social Capital: a Multifaceted Perspective. World Bank: 172-214.

Park C Y, Mercado R. 2015. Financial inclusion, poverty, and income inequality in developing Asia[R]. ADB Economics Working Paper Series No. 426.

Park C Y, Mercado R. 2018. Financial inclusion, poverty, and income inequality[J]. The Singapore Economic Review, 63 (1): 185-206.

Patterson P G, Cowley E, Prasongsukarn K. 2006. Service failure recovery: the moderating impact of individual-level cultural value orientation on perceptions of justice[J]. International Journal of Research in Marketing, 23 (3): 263-277.

Putnam R. 1993. Making Democracy Work Civic Traditions in Modern Italy[M]. Princeton: Princeton University Press.

Quartey P. 2005. Financial sector development, savings mobilisation and poverty reduction in

Ghana[R]. UNU-WIDER Research Paper No. 2005/71, United Nations University, Helsinki, Finland.

Rachdi H, Mensi S. 2012. Does institution quality matter for financial development and economic growth nexus? Another look at the evidence from MENA countries[R]. Economic Research Forum Working Paper 705.

Rajan R G, Zingales L. 2003. The great reversals: the politics of financial development in the twentieth century[J]. Journal of Financial Economics, 69 (1): 5-50.

Rangarajan Committee. 2008. Report of the committee on financial inclusion[R]. Government of India.

Rathore B S. 2015. Social capital: does it matter in a microfinance contract? [J]. International Journal of Social Economics, 42 (11): 1035-1046.

Rawls J. 1971. A Theory of Justice[M]. Harvard: Harvard University Press.

Roe M J. 2006. Legal origins and modern stock markets[J]. Harvard Law Review, 120 (2): 460-527.

Roe M J, Siegel J I. 2011. Political instability: effects on financial development, roots in the severity of economic inequality[J]. Journal of Comparative Economics, 39 (3): 279-309.

Roemer J E. 1993. A Pragmatic Theory of responsibility for the egalitarian planner[J]. Philosophy & Public Affairs, 22 (2): 146-166.

Roemer J E. 2000. Equality of Opportunity[M]. New York: Harvard University Press.

Roemer J E. 2002. Equality of opportunity: a progress report[J]. Social Choice & Welfare, 19 (2): 455-471.

Roemer J E. 2003. Defending equality of opportunity[J]. Monist, 86 (2): 261-282.

Roodman D. 2006. How to do xtabond2: an introduction to "Difference" and "System" GMM in Stata[R]. Working Paper Number 103, the Center for Global Development.

Sarma M. 2008. Index of financial inclusion[R]. ICRIER Working Paper.

Sarma M, Pais J. 2011. Financial inclusion and development[R]. Journal of International Development, (23): 613-628.

Scott W R. 1995. Institutions and Organizations. Thousand Oaks[M]. California: Sage Publications, Inc.

Sen A K. 1976. Poverty: an ordinal approach to measurement[J]. Econometrica, 44: 219-231.

Sen K. 2010. Towards inclusive financial development for achieving the MDGs in Asia and the Pacific[R]. MPDD Working Papers WP/10/07.

Shaw E. 1973. Financial Deepening in Economic Development[M]. Oxford: Oxford University Press.

Shleifer A. 1997. Government in transition[J]. European Economic Review, 41: 385-410.

Shleifer A, Vishny R. 1998. The Grabbing Hand: Government Pathologies and Their Cures[M]. New York: Harvard University Press.

Smith A. K, Bolton R. N, Wagner J. 1999. A model of customer satisfaction with service encounters involving failure and recovery[J]. Journal of Marketing Research, 36 (3): 356-372.

Stulz R M, Williamson R. 2003. Culture, openness, and finance[J]. Journal of Financial Economics, 70 (3): 313-349.

Tebaldi E, Mohan R. 2010. Institutions and poverty[J]. Journal of Development Studies, 46 (6): 1047.

Trautmann S T, Kuilen G V D. 2017. Process fairness, outcome fairness, and dynamic consistency: experimental evidence for risk and ambiguity[J]. Journal of Risk and Uncertainty, 53 (2/3): 75-88.

Turvey C G, Kong R. 2010. Informal Lending amongst friends and relatives: can microcredit compete in rural China? [J]. China Economic Review, 21 (4): 544-556.

UN. 2006. Social Justice in an open world[R]. United Nations.

Watts H. 1968. An economic definition of poverty[C]//Monihan D P. On Understanding Poverty. New York: Basic Books: 316-329.

Woolcock M, Narayan D. 2000. Social capital: implications for development theory, research, and policy[J]. The World Bank Research Observer, 15: 225-249.

World Bank. 2014. Financial inclusion[R]. The 2014 Global Financial Development Report.

Worthington S, Devlin J. 2013. Fairness and financial services in Australia and the United Kingdom[J]. International Journal of Bank Marketing, 31 (4): 289-304.

Yorulmz R. 2013. Construction of a regional financial inclusion index in Turkey[J]. Journal of BRSA Banking and Financial Markets, 7 (1): 79-101.

Zhang Y, Eriksson T. 2010. Inequality of opportunity and income inequality in nine Chinese provinces, 1989~2006[J]. China Economic Review, 21 (4): 607-616.

后 记

包容性金融发展是重要的金融发展方式之一，对促进一国可持续增长、提高资源配置效率和实现社会公平有着重要作用。在我国，从早期的贴息贷款、保险服务到现在的村镇银行等金融减贫的实践，均为我国包容性金融发展积累了重要的实践基础，使得其发展成果更多、更公平地惠及全体人民。然而，我国包容性金融发展却存在明显的地区差异，其中的原因是什么？制度质量如何影响包容性金融发展促进社会公平，增进人民福祉？这些都是值得深入思考的问题。

笔者将这些问题与恩师东北财经大学孙刚教授不断进行探讨，终将点滴思考与观点深入凝聚，在国家社会科学基金一般项目"制度质量对包容性金融发展实现社会公平的影响与对策研究"（16BJL013）的支持下，将之进行综合分析与探讨，为本书提供了基础。感谢国家社会科学基金项目鉴定专家，为项目研究成果提出的中肯且建设性的意见与建议，使得相关研究更为规范与完善。

感谢我的恩师，在书稿写作过程中，一直给予的指导与启发，他儒雅、无私、博学，是我学习的榜样。感谢参考文献的作者，使得本书能够在拥有众多研究基础的同时，也能继续为该领域研究做出贡献。

本书获得东北财经大学出版基金资助。感谢我的同事、朋友给予的关心与鼓励，感谢我的家人和亲人的理解和支持，使得这一切更有意义。

感谢科学出版社杭玫女士在设计、定稿、出版过程中付出的辛劳和努力，使本书得以出版。无论是制度质量、包容性金融发展还是社会公平，都有着丰富的内涵，而限于笔者水平，本书可能存在不足之处，恳请各位专家、读者给予善意的批评指正，以便本书进一步修订。

崔艳娟

2020 年 9 月